V

51104

# DU FEU GRÉGEOIS

## DES FEUX DE GUERRE

ET

## DES ORIGINES DE LA POUDRE A CANON.

Imprimerie de Cosse et J. Dumaine, rue Christine, 2.

# HISTOIRE DE L'ARTILLERIE

## Iʳᵉ PARTIE.

DU

# FEU GRÉGEOIS

DES

## FEUX DE GUERRE

ET

## DES ORIGINES DE LA POUDRE A CANON

D'APRÈS DES TEXTES NOUVEAUX ;

### PAR M. REINAUD,

Membre de l'Institut, Professeur de langue arabe, etc.,

### ET M. FAVÉ,

Capitaine d'artillerie, ancien Élève de l'École Polytechnique.

## PARIS

**J. DUMAINE,** NEVEU ET SUCC. DE **G.-LAGUIONIE,**
Libraire de LL. AA. RR. le Duc de Nemours et le Duc d'Aumale,
(Maison Anselin),
**Rue et passage Dauphine, 36.**

## 1845

# AVANT PROPOS.

---

M. Favé ayant entrepris d'écrire l'histoire de l'artillerie à feu, il devenait indispensable de faire des recherches sur l'origine de la poudre à canon. Cette question, ordinairement jointe à celle de la nature du feu grégeois, a été si souvent controversée, sans qu'on soit encore arrivé à un résultat certain, que nous n'avions guère l'espoir d'y parvenir; nous croyions surtout qu'après tant de recherches, il ne devait pas être possible d'y arriver directement par un texte authentique; c'est ce qui nous a fait suivre dans cette étude une méthode particulière.

Il nous paraissait impossible d'admettre entièrement la tradition la plus répandue sur l'origine de la poudre à canon. Cette tradition rapporte qu'un alchimiste, nommé Schwartz, ayant mélangé du salpêtre, du soufre et du charbon dans un mortier, qu'il recouvrit d'une pierre, une étincelle qui vola par hasard mit le feu à la composition, et fit voler la pierre, par son explosion, à une distance considérable. Schwartz en aurait conclu immédiatement l'usage de la poudre, de la bouche à feu et du projectile.

Le hasard ne joue pas un aussi grand rôle dans les progrès des arts. L'humanité, dans chacune de ses découvertes, marche progressivement et pas à pas, et non par sauts et par bonds; elle ne s'avance pas toujours avec la même vitesse, mais sa marche est continue. L'homme n'invente pas, il déduit. Si nous prenons une branche des connaissances humaines, son histoire, c'est-à-dire l'histoire de ses progrès, doit former une chaîne continue; l'histoire des faits nous fournit des tronçons de cette chaîne, et nos travaux doivent avoir pour objet de retrouver les mailles perdues, pour rattacher ces tronçons l'un à l'autre.

Guidés par ces réflexions, nous sommes partis de l'état actuel des connaissances de l'artillerie, et re-

montant le cours du temps, nous nous sommes ef-
forcés de suivre toutes les sinuosités de sa marche
pour parvenir jusqu'à sa source. Quelques connaissances spéciales nous donnaient dans cette recherche
un grand avantage sur presque tous ceux qui ont
essayé de traiter seulement l'origine mystérieuse de
la poudre à canon. Par l'étude des auteurs spéciaux
de pyrotechnie et d'artillerie des quinzième et seizième siècles, M. Favé croyait être arrivé à pouvoir
rattacher la poudre à canon au feu grégeois, quand
le désir de trouver la forme et l'usage des premières
bouches à feu lui inspira l'idée de s'adresser à
M. Reinaud, conservateur-adjoint des manuscrits
orientaux de la Bibliothèque royale, pour lui demander si les ouvrages arabes de la Bibliothèque ne
contiendraient pas quelques dessins de bouches à
feu ou de machines de guerre anciennes. M. Reinaud, dont l'attention s'était portée depuis longtemps sur ces matières (1), montra à M. Favé un

---

(1) M. Reinaud se rencontra dans ses anciennes recherches, avec
M. Léon Lacabane, premier employé au département des manuscrits de la Bibliothèque royale. M. Lacabane a publié plus tard un
mémoire intéressant sur la poudre à canon et son introduction en
France (Bibliothèque de l'Ecole des Chartes, 2ᵉ série, t. 1, p. 28).
Le présent ouvrage était rédigé, avant que le mémoire de M. Lacabane fût mis au jour. On peut lire l'article *Artillerie* que M. Favé

manuscrit contenant une grande quantité de pein·
tures, dont l'auteur est mort en 1295 de J.-C., et
qui offrait la composition du feu grégeois et la
description des instruments à son usage. M. Reinaud fournit à M. Favé une traduction presque
complète de ce manuscrit. Ce n'était pas une tâche
facile; ces sortes de descriptions techniques sont
bien rarement assez détaillées, assez claires pour
pouvoir, dans la langue même de l'écrivain, être
comprises des gens qui n'ont pas les objets sous
les yeux. Cet ouvrage n'était écrit que pour un
petit nombre d'adeptes, consacrant leur vie à cet
art et n'ayant besoin que de peu de détails. Si l'on
joint à cela l'emploi d'un assez grand nombre de
mots qui sont étrangers à la langue arabe, et que
les Arabes ont sans doute empruntés aux nations
étrangères, on pourra se faire une idée de la difficulté que présentait l'interprétation du texte.

Le manuscrit arabe de la Bibliothèque royale ,
n° 1127, ancien fonds, a pour titre كتاب الفروسية
والمناصب الحربية *Ketab alferoussyé ou al menassib*

---

a inséré dans le *Supplément au Dictionnaire de la Conversation*,
à une époque où le mémoire de M. Lacabane n'avait pas encore
paru.

*alharbyé*, c'est-à-dire : Traité de l'art de combattre à cheval, et des machines de guerre.

Ce volume est exécuté avec beaucoup de soin et est accompagné de figures coloriées ; c'est de là que nous avons tiré plusieurs des dessins qu'on trouvera à la suite de cet ouvrage. On voit probablement ici un de ces exemplaires que le gouvernement faisait exécuter pour l'usage de ses artificiers ; si un grand nombre de termes techniques son tprivés de points diacritiques, c'était probablement afin d'en rendre l'intelligence presque impossible à toute autre personne que les agents officiels.

Il est dit au commencement que ce traité a été composé par le ostad (maître) illustre, Nedjm–eddin (étoile de la religion), Hassan Alrammah ( le lancier), d'après les leçons de son père et de ses aïeux, et celles des autres maîtres de l'art.

L'auteur portait le sobriquet de *Alahdab* (le bossu). Il mourut l'an 695 de l'hégire (1295 de J.-C.), âgé de trente à quarante ans. Il doit donc avoir écrit entre les années **1285** et **1295** de notre ère.

Un autre manuscrit plus petit, de la Bibliothèque royale, n° 643 du fonds Asselin , a pour titre : كتاب الفروسية برسم الجهاد فى سبيل الله *Ketab alferoussyé birasm aldjihad fy sabyl allah*, c'est-à-dire,

Traité de l'art de faire la guerre pour la cause de Dieu. Ce manuscrit, sans peintures et sans nom d'auteur, est le même que l'autre pour le fonds; mais sa rédaction est un peu différente.

Les mots *pour la cause de Dieu*, que porte le titre, rappellent l'époque où l'Evangile et le Coran étaient continuellement en présence, et semblent faire entendre que, pour de bons Musulmans, les instruments meurtriers de la guerre ne devraient être employés que contre les Chrétiens.

Ce traité, en confirmant toutes les inductions que M. Favé avait tirées de ses lectures précédentes, fournit, ce nous semble, l'autorité qui était nécessaire pour que la question, résolue d'une manière définitive, ne puisse plus à l'avenir être controversée. Mais ce n'était pas assez. Il fallait découvrir par quelles voies les Arabes étaient parvenus à l'usage de moyens aussi énergiques. Les substances qui servaient à produire ces puissants effets, avaient-elles attiré pour la première fois leur attention; ou bien était-ce une matière signalée dans l'antiquité, et dont le temps avait fait reconnaître successivement les diverses qualités? M. Reinaud avait également entre les mains des témoignages d'écrivains arabes qui mettaient sur la voie de cette découverte importante, et qui montraient que les Arabes, héritiers de la science des Grecs et des Romains et aidés de l'expérience des Chinois, n'avaient fait que développer ce qui existait déjà en germe. Ces témoignages sont empruntés à un dictionnaire des substances minérales et végétales employées en médecine, composé par Abd-Allah, surnommé Ibn-Albaythar, ou le fils du vétérinaire, apparemment parce que telle était la profession de son père. Ibn-Albaythar, qui était né en Espagne, aux environs de Malaga, se livra à l'étude de la botanique et de la médecine. Après avoir parcouru les états barbaresques et l'Egypte, il se rendit en Syrie, où le prince du pays le nomma intendant de ses jardins; il mourut à Damas, l'an 646 de l'hégire, 1248 de J.-C. Ses observations ont d'autant plus de poids que l'auteur avait lu, dans des versions arabes, les ouvrages de Dioscoride, de Galien et d'Oribazius, et qu'il reprend même quelquefois ces maîtres de la science (1). Un autre ouvrage que M. Reinaud avait mis à contribution,

---

(1) La Bibliothèque royale possède plusieurs exemplaires du texte arabe. Postérieurement à l'époque où M. Reinaud se livrait à ces recherches, il a paru à Stuttgart une traduction allemande du *Dictionnaire* d'Ibn-Albaythar, par M. de Sontheimer, deux volumes grand in-8°.

est un livre intitulé *Traité de ce qu'il n'est pas permis à un médecin d'ignorer*, et où il est aussi parlé des remèdes simples et composés qui entrent dans la médécine. L'auteur est Yousouf, fils d'Ismael-Aldjouny, lequel écrivait l'an 711 de l'hégire, 1311 de J.-C. Il dit dans sa préface que son objet principal avait été de donner plus de précision à ce qu'il y avait de vague dans les descriptions d'Ibn-Albaythar, et de suppléer à ce que ce savant naturaliste avait omis (1). Voilà par quel concours il est devenu possible aux deux collaborateurs d'arriver aux résultats qui sont exposés dans ce volume.

Les nombreuses discussions auxquelles ont donné lieu les diverses opinions émises soit sur la nature du feu grégeois et la manière de le lancer, soit sur l'origine de la poudre, nous obligent à citer et examiner un grand nombre de textes. Il fallait aussi réfuter les principales erreurs commises par les historiens modernes, dans le récit des actions de guerre où figurent les premières bouches à feu, et éclaircir les points obscurs de l'histoire, tels que la bataille de Crécy et le siége de Constantinople par les

---

(1) Manuscrits arabes de la Bibliothèque royale, anc. fonds, n° 1072.

Turks. C'est ce qui nous a engagés à diviser ce travail en plusieurs parties. La première partie, la seule à laquelle M. Reinaud a pris part, traite du feu grégeois et de l'origine de la poudre à canon.

La deuxième donnera l'histoire de l'artillerie pendant les quatorzième et quinzième siècles.

Alors on pourra suivre sans entraves les progrès de l'artillerie et s'en rendre un compte plus rigoureux.

Pour éviter de nous laisser entraîner par des déductions trop étendues, nous nous sommes décidés à n'exposer, dans cette première partie, les résultats auxquels nous arrivons, qu'au fur et à mesure que la discussion des textes le permettait. La marche à suivre, pour aller du connu à l'inconnu, est lente, sinueuse et pénible pour le lecteur. Pour rendre cette étude plus facile, nous allons dès à présent indiquer au lecteur les principaux points par lesquels il aura à passer, s'il veut bien nous accompagner dans cette excursion à travers les siècles passés.

Nous commençons par examiner les feux de guerre, chez les Arabes du treizième siècle de notre ère. Après avoir exposé avec quelques détails leurs compositions incendiaires, connues sous le nom de *feu grégeois*, et les instruments qui servaient à cet usage, nous expliquons les terribles effets de ces compositions. C'est l'objet des chapitres I et II.

L'étude précédente nous ayant procuré l'intelligence du petit nombre de textes qui nous sont restés sur l'emploi du feu grégeois chez les Grecs du bas empire, nous entreprenons d'éclairer par une discussion approfondie ce point d'histoire si souvent controversé. C'est l'objet du chapitre III.

Dans le chapitre IV, nous examinons les ouvrages des chimistes occidentaux du treizième siècle, surtout ceux d'Albert le Grand et de Roger Bacon, auxquels on a attribué la connaissance du feu grégeois et qui ont été présentés comme les inventeurs de la poudre à canon.

Dans le chapitre V, nous suivons la transition des compositions incendiaires employées depuis long-temps, à la poudre à canon, c'est-à-dire à l'emploi de la poudre comme force projective, et nous cherchons l'origine des mots *bombarde, canon* et *bas-ton à feu.*

Le chapitre VI traite des compositions incendiaires chez les Chinois.

Dans le chapitre VII, nous expliquons, au point de vue des sciences physique et chimique, dans leur état actuel, les progrès successifs de l'art des compositions incendiaires, depuis les temps les plus reculés; et nous cherchons à faire comprendre les phénomèmes de combustion qui ont si vivement frappé les imaginations.

Le chapitre VIII contient des conjectures sur les contrées où la poudre fut pour la première fois employée comme force projective.

Le chapitre IX montre que les compositions connues sous le nom de feu grégeois, loin de se perdre, au moment de l'invention de la poudre à canon, continuèrent à être employées à la guerre, dans la partie orientale de l'Europe, et finirent par pénétrer dans l'Occident, d'où les sentiments chevaleresques et les idées superstitieuses les avaient d'abord tenues éloignées.

L'appendice contient, outre divers textes arabes, latins et grecs, un mémoire sur l'art des feux d'artifice en usage dans la Chine, pendant la première moitié du dix-huitième siècle.

# CHAPITRE I<sup>er</sup>.

Du salpêtre dans l'antiquité ; — Des compositions incendiaires et des instruments servant a leur usage, chez les Arabes du treizième siècle de l'ère chrétienne.

———

La poudre à canon est aujourd'hui appelée par les Arabes, les Persans et les Turks du nom de *bároud* بارود (1). Ce mot, qui se trouve dans certains écrits arabes du treizième siècle, a fait croire à quelques auteurs que la poudre à canon était déjà connue des Arabes à cette époque. Casiri a beaucoup contribué à propager cette erreur, parce qu'il n'a pas su que le mot *bároud* avait originairement chez les Persans et chez les Arabes la signification de *salpêtre* (2).

———

(1) On trouve aussi ce mot écrit sous la forme *bárout* باروت.

(2) Casiri, *Bibliotheca arabico-hispana escurialensis*, tom. II, pag. 7.

Dans le Dictionnaire des substances minérales et végétales qui entrent dans la médecine, Ibn-Albaythar, qui écrivait à Damas vers l'an 1240, s'exprime ainsi, au mot *bároud* : هو زهر حجر اسيـوس.

« C'est la fleur de la pierre Assios (1). »

Au mot *assios* (accompagné en marge des mots grecs (Λίθος ἄσσιος) on lit dans le même ouvrage : هو ثلج الصين عنـد القدمآء من اطبـاء مصـر ويعرفونه عامة المغرب واطباوها بالبارود . « C'est la neige de Chine, chez les anciens médecins d'Egypte. En Occident (l'Afrique et l'Espagne) le vulgaire et les médecins nomment cette substance *bároud* (2). »

Le mot *barad* ברד signifie chez les Hébreux *grêle*, de même que chez les Arabes le mot *barad* برد , dérivé du même radical. On trouve même en hébreu la forme *bároud* ברוד signifiant *en forme de grêle*. Peut-être, chez les Arabes, le vulgaire n'a donné au salpêtre le nom de *bároud*, que parce que cette substance dissoute dans l'eau et ensuite soumise à l'évaporation, se convertit en cristaux semblables à ceux de la grêle.

Les Persans donnent au *bároud* le nom de *sel de Chine* (3), au lieu de *neige de Chine*. L'une et l'autre de ces dénominations sembleraient annoncer que les

---

(1) Manuscrits arabes de la Bibliothèque royale, ancien fonds, n° 1071, fol. 65.

(2) *Ibidem*, fol. 24.

(3) نمـك صيـنى

Arabes et les Persans ont d'abord reçu des Chinois la substance ainsi appelée, et qu'ils ne se sont aperçus que plus tard qu'elle se trouvait sur la pierre assios. Les Chinois auraient donc les premiers séparé, au moins mécaniquement, le salpêtre des matières qui l'entourent, et probablement appris à dissoudre cette substance dans l'eau, afin de l'obtenir par l'évaporation. Une circonstance qui vient à l'appui de cette manière de voir, c'est le mot *neige* lui-même. Cette expression suppose une substance à l'état de division extrême; pour l'idée de *grêle*, renfermée dans le mot *bâroud*, elle annonce une matière cristallisée et dans un état plus avancé, résultat qui n'a pu se réaliser qu'après l'usage de la dissolution dans l'eau.

Quoi qu'il en soit, les expressions d'Ibn Albaythar donnant lieu de croire qu'il y a un rapport intime entre le salpêtre et la pierre assios, ainsi appelée par ce qu'on la trouvait à Assos, ville de Mysie; nous devons rechercher ce qu'ont dit de cette pierre les écrivains antérieurs. Ibn Albaythar, au mot *assios*, à la suite des paroles déja citées, a rapporté les témoignages de Dioscoride et de Galien. Pline, le naturaliste, et Avicenne ont aussi fait mention de cette substance.

Avicenne, qui écrivait dans le dixième siècle de notre ère, dit seulement : « Assios est la pierre sur laquelle se forme le sel dont la fleur est nommée *assios;* il se peut que sa formation provienne des exhalaisons humides de la mer (1). »

Voici comment Dioscorides'exprime dans le chapitre CXLI de son Traité sur la Matière médicale ; ce chapitre est intitulé : *De assio lapide* :

« Assius lapis assumi debet pumicis colore, fungosus ac levis, insuper friabilis ac lineis ad imum discurrentibus luteis distinctus. Flos ejus est salsugo flavescens, summis lapidibus insidens, tenui compage, colore partim candido, partim pumici simili, ad luteum vergente. Admotus linguæ aliquantum mordet. Vim habet et flos et lapis ipse leviter exedentem et tubercula discutientem, si resina terebinthina aut pice liquida excipiantur : efficacior autem flos habetur. Siccatus vero flos expedite vetera ulcera sanat, quæ cicatrici repugnant. Carnes excrescentes cohibet ; repurgat cum melle fungis similia ac ferina : cava eorum explet cum eodem melle et expurgat : depascentia cum cerato sistit. Fit ex eo cataplasma podagricis cum fabæ farina, et lienosis ex aceto et viva calce. Prodest itidem flos ex melle linctu phthisicis. Juvantur etiam podagrici, pedibus in pelves ex eodem lapide cavatas inditis, et loculi sarcophagi dicti (inde parantur). Flos autem extenuat valde carnosa et obesa corpora, inspersus bal-

---

Avicenne, édition de Rome, 1593, pag. 137.

neo nitri vice. Quod si utrumque lavare libet, cad_
miæ modo lavato (1). »

On lit dans l'Histoire naturelle de Pline (2) : « In
Asso Troadis sarcophagus lapis fissili vena scinditur.
Corpora defunctorum condita in eo absumi constat
intra XL diem, exceptis dentibus. Mucianus specula
quoque et strigiles, et vestes, et calceamenta illata
mortuis lapidea fieri auctor est. Ejus generis et in
Lycia saxa sunt, et in Oriente, quæ viventibus quoque adalligata, erodunt corpora. »

La pierre employée pour les sarcophages, dont
parle Pline, était probablement formée de sels alcalins qui absorbaient les liquides et décomposaient
la substance animale. Cette pierre, qui sans doute
contenait un sel de potasse (3), était poreuse et lé-

---

(1) Dioscoride, édition de Sprengel; Leipzig, 1829, tom. 1,
pag. 808.

(2) Liv. XXXVI, chap. XXVII.

(3) Une note qui accompagne la traduction de l'Histoire naturelle
de Pline, édition de Panckoucke, tom. XX, pag. 285, confirme le fait
important que cette pierre contient de la potasse. D'après cette
note, la pierre d'assos est l'alunite qui, suivant M. Cordier, se
compose de vingt atomes de bisulfate d'alumine, d'un atome de
bisulfate de potasse et de quarante-deux atomes d'eau. L'alunite
se trouve tantôt en masses compactes, qui ont beaucoup de ressemblance avec la craie, tantôt en petits cristaux rhomboïdriques
implantés dans les fissures des masses compactes. Elle forme des
collines entières à la Tolfa et à Piombino, en Italie, en Hongrie,
dans l'Archipel, en Auvergne, etc. On obtient l'alun de l'alunite,
en brisant la roche, en calcinant les fragments dans les fours, en
les exposant à l'air, en les arrosant de temps en temps et en les

gère ; elle réunissait les circonstances les plus favorables (1) pour la formation du salpêtre, qui, en ap-
paraissant à la surface, devenait la *flos lapidis*, dont
Pline indique en médecine les mêmes usages que
Dioscoride. On doit remarquer que les médecins du
temps de Pline employaient la substance telle qu'ils
la trouvaient dans la nature, c'est-à-dire, à des degrés d'impureté très variables.

Il ne sera pas inutile de rapprocher de la description donnée par Dioscoride le passage suivant du
*Dictionnaire des sciences naturelles*, sur le nitre ou
salpêtre actuel, considéré sous le point de vue minéral : « Le nitre ne se trouve point naturellement
en cristaux réguliers et volumineux ; il n'existe dans
la nature que sous la forme d'aiguilles aciculaires, de
filaments capillaires et soyeux, droits ou contournés,
ou bien en espèces de croûtes dont l'intérieur est
composé de fibres parallèles qui leur donnent une
contexture soyeuse (2). »

Galien suppose, que la fleur de la pierre d'assios
est composée avec le ἀφρόνιτρον, c'est-à-dire, l'é-
cume de nitre (3). Les anciens confondaient divers
sels alcalins sous la dénomination de nitre, et la

---

réduisant en pâte. L'alunite, traitée de cette manière, s'effleure et
forme cette poussière impalpable, tantôt jaunâtre, tantôt blanche,
dont parle Dioscoride.

(1) Dumas, *Traité de Chimie*, tom. II, pag. 728.
(2) Tom. xxxv, pag. 83.
(3) Galien, vol. xii, p. 202, 212 ; xiii, p. 568, édit. Kühn.

substance à laquelle ce nom est resté, le nitrate de potasse, était seulement comprise dans le nombre des sels alcalins qu'on trouvait dans la nature, et qu'on ne savait pas préparer isolément ni séparer les uns des autres.

Le natron d'Egypte porte encore le nom de nitre dans le commerce ; on l'appelle aussi *trona*. Cette substance, qui est le sesquicarbonate de soude, se tire à présent, comme autrefois, de certains lacs où elle se dépose en été, quand les eaux s'évaporent(1).

Sous la dénomination de *nitrum* ou Νίτρον, les anciens comprenaient à peu près tous les sels alcalins qu'ils trouvaient dans la nature. Tantôt c'était le carbonate de soude qu'on obtenait mélangé de carbonate de potasse, en faisant brûler des plantes marines ; tantôt le borate de soude ; tantôt aussi des nitrates de potasse de soude ou de chaux. Les anciens avaient observé ces divers sels à l'état d'efflorescence (ἀφρόνιτρον ou écume de nitre), sur la surface du sol et des murs, comme l'indiquent les passages suivants de Pline le naturaliste(2) :

« Spumam nitri, quæ maxime laudatur, antiqui negabant fieri, nisi cum ros cecidisset, prægnantibus nitrariis, sed nondum parientibus. Itaque non fieri incitatis, etiamsi caderet. Alii operimentorum fermento gigni existimavere.... (nitrum) Ægyp-

---

(1) Dumas, *Traité de Chimie*, tom. II, pag. 333.
(2) Liv. XXXI, chap. XLVI.

tium in vasis picatis ne deliquescat.... uritur in testa opertum, ne exsultet : alias igni non exsilit nitrum : nihilque gignit aut alit, cum in salinis herbæ gignantur, et in mari tot animalia, tantum algæ. »

Les expressions *alias igni non exsilit nitrum* indiquent suffisamment que les anciens comprenaient sous la dénomination de nitre les substance diverses qu'ils ne savaient pas caractériser assez bien pour les distinguer toujours les unes des autres.

Mais quelle est l'origine du mot *nitre*? L'hébreu *neter* נתר a pour radical נתר *natar*, mot qui, d'après le Dictionnaire de Gesenius, signifie *faire effervescence*. Le mot *neter* s'appliquait au cas où l'on mettait une substance en effervescence, en versant dessus du vinaigre. Il faut donc comprendre sous cette dénomination tous les sels alcalins qui produisent une effervescence avec le vinaigre.

Les détails qu'on vient de lire nous ont paru propres à fixer l'opinion sur la première origine des mots *nitre* et *bâroud*. Maintenant nous allons entrer dans le récit des procédés par lesquels on est arrivé successivement à la fabrication de la poudre à canon.

Nous avons dit que chez les Arabes, le mot *bâroud* a simplement servi d'abord à désigner le salpêtre. Le traité de Hassan Alrammah, montre qu'il en était encore de même vers la fin du treizième siècle. On lit (folio 100 verso du manuscrit à peintures, et folio 83 recto du petit manuscrit) :

« Description de la dissolution du *bâroud*.

« On prend le *bâroud* blanc nettoyé. Tu prendras
« deux poêles, tu mettras dans une de ces poêles le
« *bâroud* que tu submergeras d'eau. Tu allumeras
« dessous un feu doux, jusqu'à ce que l'eau s'éclair-
« cisse et que l'écume s'élève au haut. Jette cette
« écume et allume alors un bon feu, de manière que
« l'eau se clarifie beaucoup. L'eau clarifiée sera ver-
« sée dans l'autre poêle, avant que rien de la partie
« pesante ne descende ; tu allumeras un feu doux
« jusqu'à ce que la matière se soit coagulée ; tu l'en-
« lèveras et tu la feras mûrir doucement (1).

« Tu prendras ensuite du bois de saule sec que tu
« feras brûler, et tu le submergeras pendant qu'il
« sera embrasé.

« Tu prendras en poids deux parties de bâroud
« et une partie de cendre de charbon ; tu en feras un
« mélange que tu remettras dans les deux poêles ; si
« tu peux avoir des poêles de cuivre, cela vaudra
« mieux ; tu verseras de l'eau et tu remueras, de ma-
« nière que cela ne prenne pas ensemble.

« Prends garde aux étincelles du feu. »

Ce passage est, comme on le voit, la description
d'un *procédé pour la préparation du salpêtre*.
Ce procédé, quoique bien inférieur à celui que
nous employons aujourd'hui, est cependant déjà as-

---

(1) Voir le texte à l'Appendice, n° A.

sez avancé ; il est surtout à remarquer que dans cette préparation, exposée avec une clarté que nous ne retrouverons pas toujours , il n'y a rien de faux, rien d'inutile, rien qui ne puisse être avoué par un chimiste actuel.

Les alchimistes arabes n'étaient pas comme nous guidés par une théorie sûre; ils ont dû arriver bien difficilement à l'idée de faire usage de la cendre qui est encore employée aujourd'hui dans la préparation du salpêtre, pour fournir de la potasse et transformer les nitrates terreux en nitrate de potasse.

Cette phrase, *prends garde aux étincelles du feu*, semble indiquer que les Arabes avaient connaisance de l'explosion à laquelle le salpêtre peut dans certaines circonstances donner lieu ; mais ne sachant pas au juste, comme nous le savons aujourd'hui, à quelle cause était due cette explosion, ils devaient souvent recommander, comme dans ce cas-ci, des précautions inutiles.

Toutes les fois que dans le traité arabe on trouve le mot *bároud*, il faut donc entendre du salpêtre, mais du salpêtre impur, mélangé, dans une proportion variable, d'un certain nombre de substances étrangères.

Aux folio 38 et suivants du manuscrit à peintures et aux folio 49 et suivants du petit manuscrit, on trouve les recettes suivantes :

*Porportion de la fleur de jasmin* (1).

En poids. Salpêtre 10 parties, soufre 2, charbon 3, li
maille 5.—Expérimentée (2).

*Proportion de fleur expérimentée* (3).

Salpêtre 10, soufre $1 \frac{1}{4}$, charbon $2 \frac{1}{4}$, limaille 3.

*Proportion d'une fleur faite avec la limaille d'épée. — Ex-*
*périmentée.*

Salpêtre 10, soufre $2 \frac{1}{2}$, charbon $2 \frac{3}{4}$, limaille d'épée 2,
limaille d'acier 2 (4).

———

*Proportion de la fleur mourac* (5).

Salpêtre 10, soufre $\frac{3}{4}$, charbon 4, briquet $3 \frac{1}{3}$.

*Proportion de fleur expérimentée.*

Salpêtre 10, soufre 3, charbon $\frac{1}{2}$, briquet 4, fer de Chine
9, fleur 10.

———

## CHAPITRE Ier.

*Proportion de la lumière de la lune.—Expérimentée* (6).

Salpêtre 10, soufre 3, charbon $\frac{1}{2}$, pierre d'encens $\frac{1}{2}$.

———

عيار زهر الياسمين (1)

بارود عشرة كبريت درهمين فحم ثلاثة برادة خمسة مجرب (2)

عيار زهر مجرب (3)

بارود عشرة كبريت درهمان ونصف فحم درهمان ونصف وربع (4)
جرادة السيف درهمان برادة فولاد درهمان

عيار زهر مورق (5)

عيار ضو قمر مجرب (6)

muwazza q

### 2ᵉ composition.

Salpêtre 10, soufre 2 $\frac{1}{8}$, arsenic 1 $\frac{7}{8}$.

### 3ᵉ composition.

Salpêtre 10, soufre 2 $\frac{1}{2}$, arsenic 1 $\frac{3}{4}$.

### 4ᵉ composition.

Salpêtre 10, soufre 2 $\frac{1}{2}$, arsenic 2 $\frac{1}{4}$, blanc de céruse $\frac{1}{9}$ (1).

### 5ᵉ composition.

Salpêtre 10, soufre 1 $\frac{5}{6}$, arsenic 2 $\frac{3}{4}$.

---

## *Proportions des pois chiches* (2).

### 2ᵉ composition.

Salpêtre 10, soufre 1 $\frac{1}{4}$, charbon $\frac{1}{2}$, pierre d'encens $\frac{1}{4}$.

### 3ᵉ composition.

Salpêtre 10, soufre 1 $\frac{3}{4}$, charbon 1 $\frac{7}{8}$; on ajoute deux parties en poids de fer de Chine.

### 4ᵉ composition.

Salpêtre 10, soufre 2, briquet 2, soufre 1 $\frac{1}{2}$, charbon 1.

---

## *Proportions de volants* (3).

### 1ʳᵉ composition.

Salpêtre 10, soufre 1 $\frac{1}{2}$, charbon 3.

### 2ᵉ composition.

Salpêtre 10, soufre 2 $\frac{1}{8}$, charbon 2 $\frac{1}{4}$.

### 3ᵉ composition.

Salpêtre 10, soufre 1 $\frac{1}{4}$, charbon 2 $\frac{1}{2}$.

### 4ᵉ composition.

Salpêtre 10, soufre 1 $\frac{1}{8}$, charbon 2 $\frac{1}{4}$.

---

(1) اسفيداج

(2) عيار حمص

(3) عيار طيار

### 5ᵉ composition.

Salpêtre 10 , soufre 1 et 5 grains, charbon 2 et 5 grains.

### 6ᵉ composition.

Salpêtre 10, soufre 1 $\frac{1}{2}$, charbon 2 $\frac{1}{2}$.

### 7ᵉ composition.

Salpêtre 10, soufre 1 $\frac{5}{8}$, charbon 1 $\frac{5}{8}$.

---

### *Proportion de volant caché* (1).

Salpêtre 10, soufre $\frac{1}{2}$, charbon 3, noix de galle $\frac{1}{4}$. (On mêle d'abord séparément) le charbon avec le salpêtre et le soufre avec la noix de Galle ; ensuite on réunit et on bat doucement.

---

### *Volant pour amorce* (2).

Salpêtre 10, soufre 1, charbon 3 ; en battant doucement on fait une bonne composition d'amorce.

---

### *Proportions des étoiles* (3).

#### 1ʳᵉ composition.

Salpêtre 10, soufre 3 $\frac{1}{2}$, arsenic 3 $\frac{1}{2}$, mastic 1 $\frac{1}{2}$.

#### 2ᵉ composition.

Salpêtre 10, soufre 2 $\frac{1}{2}$, mastic blanc $\frac{5}{8}$, grosse limaille 7.

#### 3ᵉ composition.

Salpêtre 10, soufre 3, graine de camphre 3.

---

(1) Le manuscrit à peintures porte عبار طيار محق. عيار طيار محفى

(2) عيار طيار مَقَدَّح

(3) عيار كواكب

## Proportions des fumées (1).

### Fumée jaune.

. Salpêtre 10, soufre $\frac{3}{4}$, arsenic 24.

### Fumée verte.

Salpêtre 10, soufre $\frac{1}{2}$, charbon 3, arsenic 10, indigo indien 3.

### Fumée blanche.

Salpêtre 10, soufre 11, charbon $\frac{1}{2}$.

### Fumée rouge.

Salpêtre 10, soufre 4, charbon 1, arsenic rouge $1\frac{1}{2}$, laque sauvage 2, sang de dragon 2.

### Fumée bleue.

Salpêtre 10, soufre $\frac{3}{8}$, indigo $2\frac{1}{8}$; arsenic rouge $\frac{5}{8}$, noix de galle battue 2, espèce de glu en grains $\frac{1}{2}$, charbon 3, sciure de buis en grains $\frac{5}{8}$.

### Fumée jaune.

Salpêtre 10, soufre $\frac{3}{4}$, charbon 1, arsenic 16.

---

## Proportions des rayons de soleil (2).

### 1re composition.

Salpêtre 10, soufre $1\frac{1}{8}$, charbon $2\frac{1}{4}$.

### 2e composition.

Salpêtre 10, soufre $1\frac{7}{8}$, charbon 2 (3).

---

عيار دخان (1)

عيار شعاع شمس (2)

بارود عشرة كبريت درهمين الا ثمن لحم درهمين (3)

*Proportions des guirlandes de feuilles d'or* (1).

#### 1<sup>re</sup> composition.

Salpêtre 10, soufre 1, charbon de tamarin 4, limaille d'aiguilles $\frac{1}{2}$, limaille de bronze $\frac{1}{2}$.

#### 2<sup>e</sup> composition.

Salpêtre 10, soufre 1, charbon de tamarin 2, sel d'Enderani (sel gemme extrait des environs d'Alep) $\frac{1}{2}$, corail $\frac{1}{2}$.

———

*Proportion du nénuphar blanc* (2).

Salpêtre 10, soufre 1 $\frac{1}{2}$, charbon 1, arsenic 1 $\frac{1}{2}$.

———

*Proportion du nénuphar jaune.*

Salpêtre 10, soufre 2, sel d'Enderani 2, sucre blanc 1 $\frac{1}{2}$, charbon 1, arsenic 2 $\frac{1}{2}$.

*Nénuphar vert.*

Salpêtre 10, soufre 1 $\frac{3}{8}$, charbon 1, arsenic rouge 1 $\frac{1}{2}$, camphre $\frac{1}{2}$, mastic $\frac{1}{2}$, rouille de l'Irac haute 1.

*Nénuphar accompagné de bleu.*

Salpêtre 10, soufre 3, arsenic 1, sel ammoniac 1.

*Nénuphar accompagné de vert.*

Salpêtre 10, soufre 3, arsenic rouge 1, camphre 2, rouille verte haute de l'Irack 1.

*Nénuphar blanc.*

Salpêtre 10, soufre 3, arsenic 1, charbon 1.

———

عبار شريط ذهب (1)
عبار نوفره بيضا (2)

*Proportion de langue jaune* (1).

Dessus de langue. Salpêtre 10, soufre 2, charbon 2 $\frac{5}{8}$.

*Langue blanche suspendue* (2).

Salpêtre 10, soufre 32, arsenic 4, suc de l'arbre de Lycie 4. On bat bien et c'est une excellente amorce.

---

*Langue jaune.*

Salpêtre 10, soufre 2, sel de Enderani 2, sucre 2, pierre d'encens 2.

---

*Langue suspendue sur une langue* (3).

Salpêtre 10, soufre $\frac{1}{4}$, charbon 1, noix de galle 1 $\frac{1}{2}$.

*Langue suspendue.*

Salpêtre 10, soufre 3, arsenic 2, charbon 2, sarcocolla 2 $\frac{1}{2}$.

---

*Proportion d'une roue* (4).

Salpêtre 10, soufre 1 $\frac{1}{4}$, charbon $\frac{3}{4}$; ensuite on fait sécher.

---

*La roue du Khatay* (Chine).

Salpêtre 10, soufre 3 $\frac{1}{3}$, charbon 1, fleur du Khatay 1 $\frac{1}{2}$.

---

(1) عيار لسان اصفر

(2) لسان ابيض معلق

(3) لسان معلق على لسان

(4) عيار دولاب

*Fleur du Khatay servant d'amorce.*

Salpêtre 10, soufre 2, charbon 3 $\frac{1}{4}$, fer de Chine 10. On allume bien avec cela.

---

## Proportions liquides (1).

### 1re composition.

Salpêtre 10, soufre 3 , charbon $\frac{3}{4}$.

### 2e composition.

Salpêtre 10, soufre 2. Tu prendras la moitié d'une composition d'amorce que tu y ajouteras.

---

Il y a ensuite une lacune dans le manuscrit à peintures. On lit dans le petit manuscrit (folio 84 recto).

### Confection du volant.... (2).

Poids total 1 rotl (livre) et 7 onces et 1/2, poids de Damas.

Salpêtre 12, soufre 1 $\frac{3}{8}$, charbon 2 $\frac{3}{4}$. On bat séparément chaque substance; on met le charbon avec le salpêtre et on bat doucement, on humecte avec de la salive et on ajoute ensuite le soufre.

---

### Autre volant.

L'unité de poids est le rotl (livre) de Damas.

Salpêtre 9, soufre $\frac{7}{8}$, charbon $\frac{7}{8}$. On mélange comme nous l'avons dit.

### 2e volant.

Salpêtre 11, soufre 1 $\frac{1}{4}$, charbon 2 $\frac{3}{4}$. On mélange comme nous l'avons dit.

---

(1) عيار ماوى

(2) عمل الطيار المجنون وشال

*3ᵉ volant (surnommé) l'ivre* (1).

Salpêtre 10, soufre 1 $\frac{1}{8}$, charbon 1 $\frac{7}{8}$. On mélange comme nous l'avons dit.

*4ᵉ volant qui lance des éclairs* (2).

Salpêtre 10, soufre 1 $\frac{3}{8}$, charbon 2 $\frac{1}{8}$. On mélange comme nous l'avons dit.

*5ᵉ volant blanc sans étincelle* (3).

Salpêtre 10, soufre 1 $\frac{1}{4}$, charbon 2 $\frac{1}{4}$. On mélange comme nous l'avons dit.

*6ᵉ volant sans soufre.*

Salpêtre 10, charbon éteint dans l'eau 1 $\frac{1}{2}$, charbon non éteint 1 $\frac{1}{4}$, camphre $\frac{1}{8}$.

---

*Proportion de pois chiches long de langue* (4).

Salpêtre 10, soufre 1, charbon $\frac{1}{2}$. On bat le tout doucement.

---

*Proportions de fleurs hautes purgées de défauts* (5).

---

*Proportion de la lueur de lune.*

Salpêtre 10, soufre 2, arsenic 2. On frotte le tout sur un marbre.

---

(1) ثالث عيار طيار السكران

(2) رابع طيار البروق

(3) خامس طيار ابيض بلا شرار

(4) عيار حمص طويل اللسان

(5) عيار زهر عال مقطوع العيب

## *Lueur de lune haute.*

Salpêtre 10, soufre 2 $\frac{1}{4}$, arsenic 1 $\frac{7}{8}$, charbon $\frac{1}{4}$, camphre 1 kharouba (fraction de la dragme).

---

## *Proportion de lueur de lune d'Egypte.*

Salpêtre 10, soufre 2 $\frac{1}{4}$, charbon $\frac{1}{4}$. On ajoute 4 parties de plomb ou bien de collyre noir (1).

---

## *Proportion de Sarouah (2).*

Salpêtre 10, soufre 1 $\frac{1}{2}$, charbon 2, sucre d'Egypte 1 $\frac{1}{2}$, camphre $\frac{1}{2}$.

---

## *Proportion de fumée jaune.*

Salpêtre 5, soufre 4, arsenic rouge 20.

### Autre composition.

Salpêtre 14, soufre 4, charbon 1 $\frac{1}{2}$, arsenic 30

### 2ᵉ composition de fumée bleu.

Salpêtre 10, noix de galle 4, arsenic rouge 3, indigo 1, charbon $\frac{1}{2}$.

### 3ᵉ composition de fumée bleue.

Salpêtre 10, arsenic jaune 3, indigo de l'Inde 2, charbon $\frac{1}{2}$.

---

## *Proportion d'une fleur de Khatay sans amorce (3).*

Salpêtre 10, soufre 1 $\frac{1}{2}$, charbon 2 $\frac{1}{4}$.

---

(1) Il entre de l'antimoine dans la composition des collyres.

(2) عيار سروه

(3) ﻧﻴﺎﺭ ﺯﻫﺮ ﺧﻄﺎﻯ ﺑﻼ ﺗﻘﺪﻳﻢ

Manuscrit à peintures, folio **107** verso.
Petit manuscrit, folio **95** verso.

---

*Proportion de volant pour les flèches* (1).
Salpêtre **12**, soufre **1**, charbon $\frac{5}{8}$.

---

*Proportion des étoiles sans arsenic.*
Salpêtre **10**, soufre **3**, charbon $\frac{1}{2}$.
Semences dont on a besoin : semence de rue, semence
d'ortie, semence de nasturcium, semence de lin, semence
de rave, semence de fève.

*Volant d'ouragan* (2).
Soufre **1**, charbon $\frac{1}{4}$, arsenic **10**, salpêtre **15**.

Ainsi les Arabes connaissaient et employaient,
dans le treizième siècle, un grand nombre de
compositions salpêtrées ; presque toutes celles *des
volants* sont formées de salpêtre, de soufre et de
charbon, dans des proportions dont plusieurs se
rapprochent beaucoup de celles que nous employons
aujourd'hui pour la poudre. Les deux compositions
auxquelles les Arabes donnent le nom de *Rayons de
soleil* seraient, avec les substances, telles que nous les
préparons aujourd'hui, des poudres à peu près aussi

---

(1) عيار طيار للسهوم

(2) عيار زوبعه · Nous supposons qu'il faut lire زوبعة ou mieux
encore زوبعة

fortes que la nôtre, dont la composition est comme on sait, 6 salpêtre, 1 soufre, 1 charbon.

Le mot arabe طيار (*volant*) est ici employé pour exprimer la propriété de ces compositions de se mouvoir en brûlant. Nous montrerons bientôt que l'on a longtemps employé la même expression, soit en latin soit en français, pour désigner le même fait. Rien jusqu'à présent n'indique l'usage de la détonation, qui n'est autre chose qu'une combustion très rapide de ces mélanges; d'abord, et c'est là une observation fondamentale qui, si elle avait été faite plus tôt, aurait prévenu bien des erreurs, quand le salpêtre est impur, quand, ainsi que celui des Arabes, il contient une certaine quantité de sel marin et d'autres substances étrangères, ces substances retardent la combustion, et le mélange fait avec le soufre et le charbon fuse et ne détonne pas. Nul doute cependant que les Arabes ne connussent le fait de la détonation; mais dans les préparations que nous venons de voir, ils devaient chercher à l'éviter et non à la produire. Pour qu'il y ait explosion, il faut que le mélange des trois substances soit très intime; il est probable, d'après les expressions, *on bat le tout doucement*, que les Arabes ne travaillaient pas assez longtemps à la pulvérisation et au mélange de leurs substances, pour que la détonation fût possible, même avec du salpêtre pur. Observons en outre que dans la préparation du salpêtre, la quantité de cendre, qui était limitée avec intention, ne suffisait peut-être pas pour changer en nitrate de potasse tous les nitrates solubles mélangés avec le salpêtre.

Un grand nombre des compositions que nous venons de rapporter, diffèrent très peu dans leurs proportions, et on pourrait ne pas comprendre pourquoi l'auteur arabe donne ainsi séparément beaucoup de recettes qui devaient produire le même effet; pour s'en rendre compte, il faut se placer dans la situation où l'on était alors. Nous avons déjà dit que le salpêtre obtenu chez les Arabes, par la préparation que nous avons rapportée, était loin d'être pur; mais en outre, le degré de pureté devait varier, sans que les opérateurs pussent s'en apercevoir, suivant que le salpêtre qu'ils soumettaient à leur préparation, contenait plus ou moins de ces substances étrangères qu'ils ne savaient pas distraire.

Ainsi, un artificier arabe, après un grand nombre d'essais, trouvait une composition qui réussissait très bien pour l'objet qu'il se proposait dans ces volants; il en déterminait la recette qui ne réussissait plus aussi bien entre les mains de celui qui voulait l'employer, et un autre artificier recommençait des essais qui le faisaient arriver à une recette un peu différente de la première. Au milieu de ces difficultés sans nombre, les hommes de cette époque avaient besoin bien plus que nous de courage et de persévérance.

Nous passons maintenant à la partie du traité original où se trouve la description des instruments à l'aide desquels les Arabes employaient le feu à la guerre.

Petit manuscrit folio, 53 verso.

« La seconde partie traite des machines à feu à
« employer soit pour l'amusement, soit d'une ma-
« nière utile ; des machines à feu dont on a besoin
« pour la guerre sur terre ou sur mer ; pour la dé-
« fense dans les forteresses ; dans les siéges, quand on
« veut mettre le feu à la place ; dans les sapes, quand
« on veut brûler les portes revêtues de plaques de
« fer ; quand on veut lancer des pots à l'aide des
« mangonneaux; des pots au col étroit; des massues;
« des lances de guerre; des instruments pour distiller,
« des proportions, des fumées, des fusées volantes (1),
« des fleurs, des têtes de lance, des coùpes, des vo-
« lants, des lunes. »

Manuscrit à peintures : au folio 36 verso, on lit :

« Description des pots, des sections de khesma-
« nate et des balles de verre » (2).

Les peintures sont celles qui sont représentées
planche 1 (fig. 2, 3, 4 et 5).

D'après le texte arabe, folio 55 verso du petit
manuscrit et folio 70 du manuscrit à peintures;
la section de khesmanate est faite avec l'écorce de
l'arbre appelé kossasa (3), avec du feutre (4) ou

---

(1) الصوارخ. C'est probablement pour الصواريج, faisant au sin-
gulier الصاروخ. جرخ الصرخ

(2) صفة القدور وقطع الحصانات وبندق الزجاج

(3) نوز قصاصة

(4) لباد

**3.**

bien avec du papier de roseau (1); on la remplit indifféremment de diverses compositions inflammables; on peut y mettre un tiers d'une des fleurs dont
il a été donné la composition; les deux autres tiers seront remplis de naphte ; on met par dessus du tamarin et de la chaux, et l'on termine par un morceau de
feutre de coton plié en quatre, avec lequel on serre
fortement la rose (2) sur l'ouverture de la section.
La rose est un bouchon contenant l'amorce. Le mot
لبّاد (feutre) est toujours employé pour désigner
une substance destinée à empêcher la communication du feu. « Tu attacheras quatre de ces sections de
« khesmanate à ta ceinture (3) et tu marcheras à
« la guerre. »

Au folio 70 du manuscrit à peintures (folio 56 du
petit manuscrit), se trouve un moyen puissant de
combustion qui est probablement celui auquel
l'auteur faisait allusion, quand il parlait d'un
moyen de brûler les portes revêtues de plaques de
fer. On prend un bouclier, le plus grand possible.
(La figure 37, planche 111, représente le bouclier.)
on cloue à sa partie antérieure, au-dessous de la
poignée, une plaque munie de crochets, qui reste
séparée du bouclier par un feutre de la grandeur de

---

(1) بياض البردّى

(2) وردة

(3) ثم تعمل المنطقة اربع قطع خصماناة وتخرج للغزاة

la plaque ; on suspend à cette plaque un artifice que l'auteur appelle *la maison de feu* (1). Une corde formée de coton et de feuilles de palmier tressés a été trempée dans le naphte liquide ; elle sert à mettre le feu qui se communique aux diverses parties de la maison de feu.

Voici la description de quelques instruments au moyen desquels les Arabes brûlaient leur ennemi de près.

Manuscrit à peintures, folio 71.
Petit manuscrit, folio 57.

Forme du borthab (*fig. 9, planc. 1ᵣₑ*).

« Tu feras faire par le verrier un borthab (2) qui « ressemblera à un ....; il y ménagera, dans la partie « inférieure, une anse, et fera sur les côtés dix ou-« vertures; on fermera au moyen du feutre celles « que l'on voudra. Attache à chaque ouverture une « petite rose. Tu prendras une chaîne de la longueur « de trois empans, et tu feras faire par le tourneur « un bâton dont la longueur sera de deux empans. « Fixe bien la chaîne à un crochet et remplis le bor-« thab de naphte et de compositions inflammables; « attache bien les roses aux ouvertures. Quand tu « voudras qu'il brûle, fais comme pour le segment

---

(1) بيت النار

(2) ترسيم البرطاب

« de khesmanate. Quand tu voudras attaquer ton
« adversaire, mets le feu à la rose ; laisse bien em-
« braser et frappe ton adversaire ; tu le brûleras,
« s'il plaît à Dieu. »

On peut voir sur le dessin, la forme de l'amorce
appelée *rose* ; il en représente trois adaptées au vase
nommé borthab.

Manuscrit à peintures, folio 71 verso.
Petit manuscrit, folio 57 verso.

### Massue de guerre (1).

« Tu feras faire par le verrier une massue qui sera
« percée à son extrémité comme la massue de fer ; tu
« feras arrondir par le tourneur un bâton que tu y
« attacheras fortement. Tu lui donneras la forme
« que tu voudras. Tu ménageras sur les côtés trois
« tubulures (2), et au bas aussi trois tubulures pour
« les roses. Ensuite tu feras les mélanges usités. Quand
« tu voudras y mettre le feu, tu les disposeras com-
« me le segment de guerre (3) ; tu mettras le feu à la
« massue et tu la briseras pour le service de Dieu. »

### Forme de la lance (*fig. 7, pl. 1*).

« Fais faire par le verrier un vase de la forme d'une

---

(1) ترسيم الدبوس الحربي

(2) ثلث عرى

(3) القطعة الحربية

« ganse, avec deux têtes comme les ganses de l'ex-
« trémité de l'arc. Tu passeras la pointe de la lance
« au milieu de la ganse en la faisant sortir en avant. »

Dans une autre lance , la pointe est attachée à un
tube de fer creux rempli de matières incendiaires,
de manière que la lance brûle l'ennemi, après l'avoir
blessé par sa pointe.

On trouve des lances qui portent des noms divers, suivant la forme donnée à l'enveloppe qui
contient la composition, ou suivant la nature de ses
mélanges ; ainsi il y a :

La lance avec des fleurs (*fig.* 12).
La lance avec massue à tête composée (*fig.* 11) (1).
La lance avec segment de khesmanate (*fig.* 1●.
La lance avec la flèche du Khatay (*fig.* 18).

(Manuscrit à peintures, folio 74 verso.)

Fabrication de la lance de guerre (*fig.* 10).

« Tu prendras du *bâroud* blanc bien net, tu le mé-
« langeras avec la poussière d'un volant qui aura été
« frottée doucement. Cela brûlera bien et s'étendra
« à plus de mille coudées (2).

Les points diacritiques qui manquent dans le

---

الرماح بدبوس راس مركب (1)

تاخذ بارود ابيص ؛ى على عمار طبار بحق تحما ناعما فانه (2)
يحرق ويمن اكثر من الف ذراع

manuscrit, peuvent faire douter si la première
partie de ce passage ne signifie pas « tu prendras
« du bâroud blanc net dans la proportion d'un vo-
« lant. » Quoi qu'il en soit, l'expression *bâroud* blanc
démontre encore que le mot *bâroud* signifiait alors
le salpêtre seul, et non pas le mélange du salpêtre,
du soufre et du charbon, qui n'aurait pas été blanc.
Du reste, comme dans le volant il n'entre que ces
trois substances, la lance de guerre est réellement
composée seulement de salpêtre, de soufre et de
charbon. Ce sont les mêmes substances, mélangées
dans une certaine proportion, qui sont encore employées aujourd'hui pour la composition des *lances
à feu*, et qui servent à mettre le feu à nos canons de
campagne. Le traité arabe ne contient pas de détails
sur la forme de la lance de guerre ; mais puisque
c'était le jet de flamme qui devait servir à blesser
l'ennemi, il fallait qu'il s'étendît en avant ; la composition devait donc être placée dans un tube ouvert
seulement à la partie antérieure. Quoiqu'il y ait de
cette exagération poétique, dont les Arabes sont fort
prodigues, dans l'expression *s'étendra à plus de mille
coudées*, elle montre qu'il y avait hors du tube projection de grains de composition qui allaient achever de brûler à une certaine distance.

L'auteur arabe revient ensuite aux massues de
guerre ; après avoir parlé de la *massue de guerre avec
des segments de khesmanate*, qui est analogue à
celle dont il avait déjà fait connaître l'usage, il en
décrit une autre.

Folio 78 recto du manuscrit à peintures.
Folio 62 verso du petit manuscrit.


## Massue pour asperger (1).

« On garnit la massue de guerre à asperger de
« pièces de fer et on la couvre de feutre. On la
« remplit d'un mélange de deux tiers de colophane et
« d'un tiers de soufre de l'Irac (2) pétri. Lorsque tu
« veux t'en servir, tu y mets le feu et tu pousses la
« massue contre ton adversaire, pour le bien asper-
« ger. Brise la massue sur lui, mais ne te mets pas
« sous le vent, de peur que les étincelles ne reviennent
« sur toi et ne te brûlent. »

Il est ensuite question des flèches.


Manuscrit à peintures, folio 78 verso.
Petit manuscrit, folio 63 recto.


## Fer de flèches en roseau (*fig.* 15) (3).

« Tu prendras un nœud de roseau, propre à
« faire une flèche; tu iras chez le tourneur qui le

---

(1) ترسيم الدبوس المقبقب

(2) Il s'agit ici de l'Iraç-Arabi ou Irac des Arabes, contrée située entre l'Euphrate et le Tigre, et qui a pour capitale Bagdad.
Les artificiers de l'Irac étaient célèbres au moyen âge. *Voy.* les
extraits des historiens arabes des croisades, par M. Reinaud, Paris,
1829 (*Bibliothèque des Croisades* de M. Michaud, tom. IV, p. 261).

(3) ترسيم النصل القصب

« travaillera comme si c'était du bois auquel on dût
« adapter le fer. Tu mettras dans la partie qui forme
« la pointe, le gâteau (1) que tu recouvriras de trois
« ou quatre morceaux de feutre. Quand tu voudras
« allumer l'incendie, tu rempliras le bois de naphte
« coagulé ainsi que de papier de roseau, en les dis-
« posant bien. Ouvre ensuite l'extrémité de la pointe
« en forme de noix qui est prête à sortir, mets le
« feu au gâteau et lance-la. »

Le traité arabe fait connaître plusieurs autres
flèches, notamment la flèche du mangonneau ; elles
sont creuses et remplies de compositions (*fig.* 16,
17, 18 et 22).

Nous y trouvons aussi la description de gros projectiles incendiaires lancés avec les machines à
fronde, qui ont joué un rôle important dans la
guerre de siége au moyen âge.

Manuscrit à peintures, folio 85 recto.
Petit manuscrit, folio 69 recto.

Forme de la marmite de l'Irac (2) (*fig.* 24, *planch.* 11).

« Tu prendras une marmite qui, comme le ven-
« tilateur des Orientaux, aura quatre portes. On
« l'enduit de poix de tous côtés, en laissant à cha-

---

(1) السنبوشكه

(2) ترسم القدر العراقية

« que ouverture un emplacement pour l'ikrikh(1);
« on met sur chaque porte une section; sur chaque
« section est une rose. On y introduit ensuite
« les ingrédients, qui sont la gomme de roseau, la
« sandaraque, le succin, l'assa fœtida, la poix,
« l'ammoniaque rouge, la pierre d'encens, la sarca-
« colla, le mastic; on réduit tout en poudre et on
« mêle avec la graine de coton, la graine de car-
« tame, la langue de passereau. Quand tu veux
« lancer cela, tu y mets le feu comme à l'ordinaire.
« Tu descends la marmite dans la concavité du
« mangonneau; tu enduis cette concavité d'argile
« et de vinaigre; tu mets le feu aux roses et tu
« lances la marmite. »

L'ikrikh paraît être, comme la rose, destiné à
fermer une ouverture et à servir d'amorce. Le vase
dont il est question a probablement, outre les quatre
portes, un grand nombre d'ouvertures plus petites;
ce sont ces ouvertures qui sont fermées par les
ikrikhs.

On trouve dans le manuscrit la description d'autres projectiles de même espèce, parmi lesquels :

La marmite du Magreb (2).
La marmite Mokharram (percée) (3).

---

(1) الاكريج

(2) Magreb signifie en arabe *Occident*. Les Arabes désignent
par là l'Afrique et l'Espagne musulmane.

(3) القدر المخرّم

Le vase de Helyledjeh (1).

La cruche de Syrie (2).

Les marmites des peuples non musulmans.

Ces projectiles sont représentés (*pl.* 11, *fig.* 23, 25, 26, 27, 28, 29 et 30).

Plusieurs des noms donnés à ces projectiles, ceux que nous avons cités pour les lances ou les flèches, indiquent que l'art des feux et probablement l'emploi du salpêtre dans les compositions incendiaires, n'était pas connu seulement des Arabes, mais pratiqué par un grand nombre des peuples de l'Asie, auxquels les Arabes l'avaient peut-être emprunté.

Les expressions *la fleur de la Chine, la flèche de la Chine*, en montrant que les Chinois cultivaient cet art, peuvent faire supposer que ce sont eux qui lui ont fait faire les principaux progrès, et qui peut-être en sont les inventeurs.

La description peu claire des projectiles dont nous avons rapporté les noms, n'apprend rien de nouveau ; seulement on y trouve : *tu prendras du soufre avec lequel on fait les ikrikhs*, ce qui indique la nature de ce genre d'amorce, probablement analogue à celle que nous trouverons dans un autre ouvrage, sous le nom de chandelle de soufre. Le contenu des vases paraît varier beaucoup, ce qui est, du reste, indiqué par les dessins. Il fallait

---

(1) الهليلجه

(2) الكراز الشامى

que la composition ne pût pas en sortir, et que cependant la flamme se communiquât de l'intérieur à l'extérieur.

Voici le seul passage du manuscrit qui montre l'emploi fait à la guerre, par les Arabes, de certaines compositions, comme force motrice.

Manuscrit à peintures, folio 101 verso.
Petit manuscrit, folio 75 verso.

Description de l'œuf qui se meut et qui brûle (1)(fig.32, pl.11).

« On dispose des sadj de fer, que l'on garnit de
« feutre; on fait un trou à chaque sadj, et on le gar-
« nit aussi de feutre; on l'accompagne de limaille,
« de naphte et de bons mélanges. L'ouverture du
« naphte est par le haut. On ferme l'œuf avec une
« rose fine et on le lance; il marche, il sort et il brûle
« extrêmement bien (2). »

La vue du dessin suffira pour éclaircir ce texte trop peu développé. Dans la figure, deux ou même

---

(1) صفة بيضة تخرج وتحرق

(2) تعمل ساج حديد ويوطى بلباد كرسى يثقب فى كل ساج منه
تقب ويوطى بلباد كرسى وتمده بالنفط والاخلاطات الجيدة
ويكون فتح النفط الى فوق ويشد عليها وردة لطيفة وترمى بها
فهى تمضى وتخرج وتحرق فى غاية الجودة Au lieu de ساج le ma-
nuscrit à peintures porte لهادساح Quant au mot *sadj*, voici ce qu'on lit dans le Dictionnaire arabe, persan et turk, de Meninski : « *instrumentum quoddam ferreum, clypei instar convexum, cui supposita pruna coquuntur placentæ; aliis, ignitabulum.* »

trois fusées paraissent servir à pousser un projectile incendiaire qui brûle aussi dans la partie antérieure. Une fusée ordinaire, qui se meut, brûle seulement par sa partie postérieure ; la partie antérieure, qui touche l'objet sur lequel elle est lancée, ne serait pas en combustion, et, par conséquent, n'embraserait pas cet objet. L'appareil dont se servaient les Arabes était fort ingénieux, non pas seulement parce qu'il évitait cet inconvénient, mais aussi parce que ces deux longues tiges de fusée qui dépassaient en arrière le projectile, devaient, ainsi que la baguette de nos fusées actuelles, aider à diriger son mouvement.

Nous passons maintenant à une recette d'une autre nature que celles qu'on a vues jusqu'à présent ; celle-ci est destinée à garantir du feu.

Folio 106 du manuscrit à peintures.
Folio 87 verso du petit manuscrit.

« Moyen d'enduire les corps, les armes, les na-
« vires et les chevaux, de manière à les préserver
« du feu. Si le feu atteint un de ces corps, il ne trouve
« pas prise.

« Tu prendras un rotl (livre) de talque, un
« rotl de gomme d'Arabie, quatre rotl d'argile
« rouge (1) et la quantité que tu voudras de farine
« blanche du Hauran (2) et de blanc d'œuf avec dix

---

(1) المغرة الحمرا

2) Le Hauran est une des provinces de la Syrie. Sa situation est au sud-est de Damas.

« rotl d'urine. Tu broieras doucement et séparément
« le talque, la gomme et l'argile rouge ; tu passeras
« ensuite au crible, comme on le fait pour le col-
« lyre. Après avoir mêlé le tout, tu ajouteras du vi-
« naigre de vin, acide, mêlé avec de l'eau qui aura
« détruit son acidité, tu pétriras fortement et tu en
« enduiras ce que tu voudras ; c'est un excellent
« spécifique pour écarter le feu. Une pièce de bois
« ainsi enduite et jetée dans le feu, ne brûle pas. »

Le traité arabe contient d'assez nombreuses recettes pour produire ces phénomènes bizarres, qui
frappaient vivement alors les imaginations, et qui,
chez les nations chrétiennes, ont fait souvent ac-
cuser de magie les alchimistes du moyen âge.

Petit manuscrit, folio 89 recto.

*Proportion de fumée soporifique* (1).

Salpêtre 10, soufre 4 $\frac{1}{2}$, arsenic 18, opium narcotique 3.

« L'homme qui fait cette fumée s'enduit d'huile
« de violettes de l'Irac ; si c'est trop fort, il appro-
« che de ses narines du vinaigre acide.»

On trouve ensuite parmi *les mèches choisies et
jolies* (2).

« Celle qui fait paraître les assistants comme s'il
« coulait du sang de leur figure.

---

(1) صفة عيار دخان مرقد

(2) الفتايل المنتخبة الملاح

« Celle qui fait paraître les figures noires, etc... »

Vers le commencement de la seconde partie du manuscrit, folio 54, verso (manuscrit à peintures, folio 69), se trouve le long récit d'une tradition qui attribue à Alexandre le Grand le premier emploi à la guerre d'une composition incendiaire, fournie par un certain Alcays. Cette composition, lancée par un mangonneau, mit le feu à la ville de Tyr. Nous mentionnons cette tradition, parce qu'elle semble indiquer une certaine correspondance entre le traité arabe et deux autres écrits dont nous parlerons bientôt.

Nous reproduisons à la fin du volume, quelques-uns des dessins du manuscrit. Les figures (34 et 35, pl. III), représentent des navires avec les pots remplis de compositions incendiaires, dont on faisait usage dans la guerre maritime.

Les figures (31 et 33, pl. II, 36 et 38, pl. III) font voir les machines à l'aide desquelles les Arabes lançaient leurs marmites. Il est facile de reconnaître que ce sont des dessins grossiers des machines reproduites pl. IV, fig. 1; pl. V, fig. 1; pl. VI, fig. 1. Les trois dernières figures représentent deux machines dont se sont servies les nations chrétiennes.

Dans les figures (33, pl. II et 38, pl. III), le petit bras du levier paraît être tiré à bras d'homme par le moyen de cordes, tandis que dans les figures (31 et 36, pl. III) il retombe au moyen d'un contrepoids.

Nous aurons plus tard l'occasion de parler de

l'importance qu'avaient acquise ces machines dans la guerre de siége de l'Europe occidentale, pendant les quatorzième et quinzième siècles. Ici nous devons seulement faire remarquer que ce mécanisme, qui est une combinaison de la fronde et du levier, se trouve dans le manuscrit arabe à un état plus imparfait que nous ne le retrouverons chez les auteurs chrétiens des quatorzième et quinzième siècles. La fronde, qui y entre comme partie essentielle, a été beaucoup plus en usage dans l'Orient que dans l'Occident. Il est donc assez vraisemblable que les chrétiens empruntèrent cette machine aux Arabes pendant les croisades, et qu'ils l'ont ensuite perfectionnée.

Nous ne devons pas perdre de vue qu'il a été question dans le traité arabe d'un certain nombre de compositions ou d'instruments, dont l'auteur n'a pas indiqué l'emploi; probablement parce que cet emploi était connu de ceux pour qui il écrivait. Ainsi il a décrit la composition des pois chiches, sans dire comment on les lançait. De plus, nous n'avons trouvé que des détails confus et peu intelligibles sur les instruments à feu, et rien qui indiquât la disposition des artifices contenus dans les lances à feu, les massues de guerre et les marmites.

Résumons, dès à présent, les conséquences à tirer de ce qui précède.

Dans le traité de Hassan et dans les autres écrits des Arabes, on ne trouve jamais le nom du feu grégeois; et cependant ce nom se rencontre à tout moment dans les ouvrages des auteurs occidentaux du moyen âge. Ceux-ci comprennent indistinctement sous cette dénomination le feu employé chez les Grecs et le feu des Arabes, qui, ainsi qu'on a pu le remarquer, nécessitait l'emploi de différentes compositions. Nous expliquons dans le chapitre III ce qu'était le feu des Grecs; mais dès à présent l'on voit que le feu des Arabes constituait un art particulier, et les effets de cet art n'ont pas échappé à l'attention des écrivains chrétiens contemporains.

Ce que les écrivains français ont appelé *feu grégeois*, n'était pas, du moins chez les Arabes du treizième siècle, une recette unique; au contraire, les Arabes faisaient usage d'un grand nombre de compositions différentes.

Le salpêtre, que les Arabes ne savaient préparer que d'une manière imparfaite, entrait comme élément dans la plupart de ces compositions. Les Arabes faisaient des mélanges de salpêtre, de soufre et de charbon, dans un grand nombre de proportions. Tout se réunit pour faire penser qu'ils connaissaient, au moins comme accident, le phénomène de l'explosion. A la vérité ils ne savaient pas l'utiliser et ils ignoraient la force projective, qui constitue le véritable caractère de notre poudre à canon, néanmoins, ils obtenaient de ces mélanges, non-seulement la combustion vive et difficile à éteindre, mais aussi la propriété de produire en brûlant une force motrice, et ils avaient dans leur langue un mot particulier pour désigner la fusée.

Les Arabes avaient étendu l'emploi de leurs compositions incendiaires à toutes leurs armes, à toutes leurs machines de guerre. Ils les lançaient directement à la main, à l'état de sections de khesmanate, de pots, de balles de verre; ils les attachaient à l'extrémité de bâtons dont ils frappaient leurs adversaires; ils les lançaient au moyen de tubes qui, comme la *massue de guerre à asperger* ou *la lance de guerre*, dirigeaient la flamme contre l'ennemi; ils les attachaient à leurs flèches, à leurs lances, les projetaient enfin à de grandes distances, avec les arbalètes à tour ou avec les machines à fronde.

Le feu, considéré comme moyen de blesser directement un ennemi, était devenu pour eux l'agent principal d'attaque, et ils s'en servaient peut-être de cent manières différentes.

# CHAPITRE II.

———

Nous allons maintenant mettre à contribution les historiens, et commencer par examiner les récits d'un chroniqueur français du treizième siècle, le sire de Joinville, qui a laissé des détails circonstanciés sur le feu grégeois employé par les Arabes, dans la guerre que saint Louis porta sur les bords du Nil en 1248.

Nous verrons s'il reste quelque chose qui soit pour nous obscur ou inintelligible. Mais d'abord, comme Joinville appelle ordinairement *Turcs* les combattants musulmans, il est nécessaire de dire en peu de mots ce qu'était la population de l'Egypte, au moment de la descente de saint Louis.

Les Arabes s'étaient depuis longtemps superposés aux anciens habitants du pays, et le gouvernement, la langue, les arts étaient arabes.

A la vérité, les milices étaient en général de race turque, parce qu'elles étaient recrutées au moyen d'esclaves que le sultan faisait acheter sur les bords de la mer Noire et de la mer Caspienne. Amenés en Egypte pour la plupart fort jeunes, ces esclaves étaient dressés à tous les exercices militaires, et instruits dans tous les arts de la guerre. Ceux de ces guerriers que le souverain attachait à sa personne, connus sous le nom de *Mamelucks*, mot arabe qui signifie *esclave*, mirent à mort le sultan égyptien, presque sous les yeux de saint Louis et du sire de Joinville; mais en se rendant maîtres du gouvernement, ils n'apportèrent point dans le pays l'influence d'une civilisation étrangère, et ne purent mettre en pratique que les arts qui leur avaient été enseignés depuis leur arrivée en Egypte.

Les Français travaillaient à se frayer un passage sur une des branches orientales du Nil, en face du lieu où avait été bâtie la ville de Mansoura. Les Musulmans, placés sur l'autre rive, cherchaient à s'y opposer.

.... « Ung soir (1) advint que les Turcs amenèrent
« ung engin qu'ilz appeloient la perrière, ung ter-
« rible engin à mal faire : et le misdrent vis à vis
« des chaz chateilz que Messire Gaultier de Curel et
« moy guettions de nuyt, par lequel engin il nous
« gettoient le feu grégeois a planté, qui estoit la plus

---

(1) Joinville, *Histoire du roy saint Loys*. Paris, 1668, pag. 39.

« orrible chose, que onques jamés je veisse. Quant
« le bon chevalier Messire Gaultier mon compai-
« gnon vit ce feu, il s'escrie, et nous dist : Sei-
« gneurs, nous sommes perduz à jamais sans nul
« remède. Car s'ilz bruslent nos chaz chateilz, nous
« sommes ars et bruslez : et si nous laissons nos gar-
« des, nous sommes ahontez. Pourquoy je conclu,
« que nul n'est, qui de ce péril nous peust défendre,
« si ce n'est Dieu notre benoist créateur. Si vous
« conseille à tous, que toutes et quantes foiz, qu'ils
« nous getteront le feu grégois, que chacun de nous
« se gette sur les coudes, et a genoulz : et crions mer-
« cy à nostre Seigneur, en qui est toute puissance. Et
« tantoust que les Turcs getterent le premier coup du
« feu, nous nous mismes a coudez et a genoulz, ain-
« si que le preudoms nous avoit enseigné. Et cheut
« le feu de cette première foiz entre nos deux chaz
« chateilz, en une place qui estoit devant, laquelle
« avoient faite nos gens pour estoupper le fleuve.
« Et incontinent fut estaint le feu par ung homme que
« nous avions propre à ce faire. La manière du feu
« grégois estoit telle, qu'il venoit bien devant aussi
« gros que ung tonneau, et de longuenr la quëue en
« duroit bien comme d'une demye canne de quatre
« pans. Il faisoit tel bruit à venir, qu'il sembloit que
« ce fust fouldre qui cheust du ciel, et me sembloit
« d'un grant dragon vollant par l'air : et gettoit si
« grant clarté, qu'il faisoit aussi cler dedans nostre
« ost comme le jour, tant y avoit grant flamme de
« feu. Trois foys cette nuytée nous gettèrent le dit

« feu grégois o la dite perrière, et quatre fois avec
« l'arbaleste à tour. Et toutes les fois que nostre bon
« Roy saint Loys oyoit qu'ils nous gettoient ainsi
« ce feu, il se gettoit à terre, et tendoit ses mains la
« face levée au ciel, et crioit à haulte voix à nostre
« Seigneur, et disoit en pleurant à grans larmes :
« *Beausire Dieu Jesuschrist*, garde moy et tout ma-
« gent, et croy moy, que ses bonnes prières et oraisons
« nous eurent bon mestier. Et davantage, à chacune
« foiz que le feu nous estoit cheu devant, il nous
« envoyoit ung de ses chambellans, pour savoir en
« quel point nous estions, et si le feu nous avoit gre-
« vez. L'une des foiz que les Turcs gettèrent le feu,
« il cheut de couste le chaz chateil, que les gens de
« Monseigneur de Corcenay gardoient, et ferit en
« la rive du fleuve, qui estoit là devant : et s'en venoit
« droit à eulx, tout ardant. Et tantoust veez cy venir
« courant vers moy un chevalier de celle compai-
« gnie, qui s'envenoit criant : Aidez nous, sire, ou
« nous sommes tous ars. Car veez-cy comme une
« grant haie de feu grégois, que les Sarrazins nous
« ont traict, qui vient droit à nostre chastel. Tan-
« touts courismes là, dont besoing leur fut. Car
« ainsi que disoit le chevalier, ainsi estoit-il, et estai-
« gnismes le feu à grant ahan et malaise. Car de l'au-
« tre part les Sarrazins nous tiroient à travers le
« fleuve trect et pilotz dont estions tous plains.

« Le conte d'Anjou frère du Roy guettoit de jour
« les chaz chateilz, et tiroit en l'ost des Sarrazins
« avecques arbelestes. Or avoit commandé le Roy,

« que après que le conte d'Anjou son frère y avoit
« fait le guet le jour, nous autres de ma compaignie
« le faisions la nuyt. Dont à très grant-paine estions
« et a très-grant soulcy. Car les Turcs avoient ja
« brisé et froissé nos tandeis et gardes. Advint que
« ces traistes Turcs amenèrent devant noz gardes
« leur perrière de jour. Et alors faisoit la guette le
« dit conte d'Anjou. Et avaient tout accouplez leurs
« engins, dont ilz gettoient le feu grégois sur la
« chaussée du fleuve, vis à vis de nos tandeis et gar-
« des. Dont il advint que nul ne se ouzoit trouver
« ne monstrer, et furent nos deux chaz chateilz en
« ung moment consumez et bruslez, pour laquelle
« chose le dit conte d'Anjou, qui les avoit à garder
« celui jour, en devint presque hors du sens, et se
« vouloit getter dedans le feu pour l'estaindre. Et
« lors mes chevaliers et moy loüasmes Dieu. Car
« s'ilz eussent attendu à la nuict, nous eussions esté
« tous ars et bruslez. »

Nous avons dit que les Français avaient à traverser un des bras du Nil; ils construisirent une digue
pour arriver jusqu'à la rive opposée. A droite et à
gauche de cette digue, ils avaient placé deux *chaz
chateils*, qui étaient probablement des tours en bois
où les gardes avancées, celles qui avaient à défendre
les travaux commencés, se renfermaient pendant la
nuit. Les Turcs qui avaient un grand intérêt à empêcher le passage, réunirent sur la rive opposée leurs
plus puissants moyens de guerre. La *perrière* est
sans doute la machine à fronde dont nous avons

parlé, et avec laquelle on a vu que les Arabes lançaient des vases remplis de feu grégeois : *les sections de khesmanate* placées sur les *portes*, pouvaient produire cette queue de feu dont parle Joinville ; sa description convient cependant mieux à des tonneaux remplis de compositions incendiaires, dont nous aurons à constater l'emploi à une autre époque, et qui sont représentés planche III. Les Turcs lançaient sans doute avec l'arbalète à tour des *flèches à mangonneau.* On connaît aussi ce projectile qui, tombé sur la rive, *s'en venait droit à eulx tout ardant* ; c'est sans doute *l'œuf qui se meut et qui brûle.* L'expression de ce chevalier *veez-cy comme une grant haye de feu grégois* est fort juste ; car la flamme sortant de toutes ces petites ouvertures, dont les amorces appelées *Ikrikh* sont figurées dans le dessin, devait former réellement une *haie de feu.*

La seule circonstance dont nous pourrions nous étonner, si l'histoire de la guerre n'en présentait pas mille exemples, c'est la profonde terreur dont furent saisis des guerriers qui étaient venus chercher le danger si loin ; leur imagination s'exagérait la puissance d'un moyen de guerre qui leur était inconnu jusque-là.

On lit encore dans la relation de Joinville (1) : « Devant nous avoit deux Heraulx du Roy, dont l'un « avoit nom Guilleaume de Bron, et l'autre Jehan

---

(1) *Histoire du roy saint Loys,* page 46.

« de Gaymaches : ausquelz les Turcs, qui estoient
« entre le ru et le fleuve, comme j'ay dit, amenèrent
« tout plain de villains à pié, gens du païs, qui leur
« gettoient bonnes mottes de terre, et de grosses
« pierres à tour de braz. Et au darrenier, ilz amenè-
« rent ung autre villain Turc, qui leur gecta trois
« foiz le feu gregois, et à l'une des foiz il print à la
« robbe de Guilleaume de Bron, et l'estaignit tantost.
« dont besoing lui fut. Car s'il se fust allumé, il fust
« tout brûlé......

C'était probablement un préjugé répandu dans
l'armée de saint Louis, que si une fois on était atteint par le feu grégeois, on devait être consumé tout
entier; et la crainte des atroces souffrances qu'on
aurait à endurer, inspirait aux croisés cette terreur
que Joinville a si naïvement dépeinte.

Quant au feu grégeois lancé par le *vilain*, il n'offre pour nous rien de difficile à comprendre, puisque
nous savons que les Arabes le lançaient à la main, de
plusieurs manières différentes.

« En ces choses (1) icy faire et apprester mist le
« chevetaine des Sarrazins jusques environ l'eure de
« midy. Et ce fait il fit sonner leurs naquaires et ta-
« bours très impétueusement à la mode des Turcs :
« qui estoit moult estrange chose à ouir, à qui ne
« l'avait acoustumé. Et se commancèrent à esmouvoir
« de toutes pars à pié et à cheval. Et vous diray tout

---

(1) Joinville, page 52.

« premier de la bataille du Conte d'Anjou, qui fut le
« premier assailly, parcequ'il leur estoit le plus
« prouche du cousté de devers Babilone. Et vindrent
« à lui en façon de jeu d'eschetz. Car leur gens à pié
« venoient courant sus à leur gens, et les brusloient
« de feu grégois, qu'ilz gectoient avecques instru-
« mens qu'ilz avoient propices.......... tellement
« qu'ilz desconfirent la bataille du conte d'Anjou,
« lequel estoit à pié entre ses chevaliers à moult
« grant malaise. Et quant la nouvelle en vint au Roy,
« et qu'on lui eut dit le meschief ou estoit son frère;
« le bon Roy n'eut en lui aucune tempérance de soy
« arrester, ne d'attendre nully : mais soudain ferit
« des esperons, et se boute parmy la bataille l'espée
« ou poing, jusques au meillieu, où estoit son frère,
« et très asprement frappoit sur ces Turcs, et au lieu
« où il veoit le plus de presse. et là endura-il maints
« coups, et lui emplirent les Sarrazins la cullière de
« son cheval de feu grégois. Et alors estoit bon à
« croire, que bien avoit-il son Dieu en souvenance
« et désir. Car à la vérité luy fut nostre Seigneur à ce
« besoing grant amy, et tellement lui áida, que par
« celle pointe, que le Roy fist, fut rescours son frère
« le conte d'Anjou et chassèrent encore les Turcs
« de leur ost et bataille...... Icelui maistre des tem-
« pliers, par-ce qu'il avoit de gens fist faire au de-
« vant de sa bataille une deffense des engins qu'on
« avoit gaignez sur les Sarrazins. Mais ce nonob-
« stant riens ne lui valut; car les templiers y avoient
« mis grant force de planches de sappin, et les Sar-

« razins y misdrent le feu grégois : et tout incon-
« tinant y print le feu de legier..............

« De l'autre bataille estoit maistre et capitaine le
« preudoms et hardy messire Guy Malvoisin, lequel
« fut fort blecié en son corps. Et voians les Sarrazins
« la grant conduïte et hardiesse qu'il avoit et don-
« noit en sa bataille, ils lui tiroient le feu grégois
« sans fin, tellement que une foiz fut, que à grant
« peine le lui peurent estaindre ses gens à heure.
« mais nonobstant ce, tint-il fort et ferme, sans
« estre vaincu des Sarrazins..... »

« Et quant vint vers le point du jour (1), nous
« arrivasmes au passage, ouquel estoient les gallées
« du Souldan, qui gardoient que aucuns vivres
« ne fussent amenez de Damiette à l'oust, dont a
« esté touché cy-devant. Et quant ilz nous eurent
« apperceuz, ilz menèrent grant bruit, et comman-
« cèrent à tirer à nous, et à d'autres de nos gens de
« cheval, qui estoient de l'autre cousté de la rive,
« grant foizon de pilles avec feu grégois, tant qu'il
« ressembloit que les estoilles cheussent du ciel. »

Nous avons rapporté tous les passages de la relation de Joinville où il est question du feu grégeois,
parce que Joinville est presque contemporain de
l'auteur arabe que nous avons cité ; on voit qu'il
n'y a aucun de ces passages qui ne s'accorde parfaitement avec les données que nous possédons, et qu'il

---

(1) Joinville, page 62.

n'y reste rien d'obscur, rien qu'on n'explique très facilement et qu'on ne puisse même reproduire.

Maintenant reprenons les choses de plus haut, et suivons rapidement l'emploi des feux de guerre chez les Arabes, depuis la première croisade jusqu'au moment de la transformation des compositions incendiaires en poudre à canon. Nous aurons ainsi l'occasion de donner la véritable signification de quelques passages mal compris, et d'examiner si les procédés étaient dès lors aussi avancés qu'ils le furent depuis.

Dans une relation du siége de Jérusalem, pendant la première croisade, on lit (1) :

..... « Sed cum jam proximarent ( Christiani )
« cum machinis ad muros, non solum lapides et sa-
« gittæ, verum etiam ligna et stipula projicieban-
« tur, et super hæc ignis; et mallei lignei, involuti
« pice et cera, et sulfure et stuppa, et panniculis
« igne succensis, projiciebantur in machinas : mal-
« lei, inquam, clavati ab omni parte, ut quaqua
« parte ferirent, hærerent, et hærendo inflamma-
« rent. Ligna vero et stipula ideo jaciebant ut sal-
« tim incendia inde accensa retardarent quos ne-
« que gladius et alta mœnia retardarentur. »

Un autre historien de la même croisade dit au sujet du siége de Nicée (2) : « Picem quoque et oleum

---

(1) Bongars, *Gesta dei per Francos,* page 178.
(2) Guillaume de Tyr, *Historia rerum in partibus transmarinis*

« et arvinam et cætera, quæincendiis solent fomitem
« ministrare, et accensas faces in nostras machinas
« dirigentes (Saraceni)..... immissis magnis mola-
« ribus et igne superinjecto. »...

Un historien de la deuxième croisade, Albert
d'Aix, raconte qu'au siége d'Assur, en 1099, les Sarrasins après avoir embrasé une tour des Chrétiens,
en lançant *palos ferreos et acutos, oleo, stuppis,
pice, ignis fomite involutos et omnino aqua inextin-
guibiles,* mirent le feu à une seconde tour, «simili
« jaculatione palorum ignitorum; mox ad extin-
« guendam machinam de omni exercitu et tentoriis
« concurrunt viri ac mulieres, aquam singuli in
« singulis vasis afferentes. Sed minime profecit
« tanta aquarum suffusio; nam hujus ignis genus
« aqua erat inextinguibile (1). »

Pendant la troisième croisade eut lieu le fameux
siége de Saint-Jean-d'Acre. Voici les extraits de
deux historiens arabes :

« Ce fut alors, » dit Boha-eddin (2), « qu'on vit
« paraître un jeune homme de Damas, fondeur de
« son métier, lequel promit de brûler les tours si

---

*gestarum,* édition publiée par l'Académie des inscriptions, Paris,
1844, page 123 et 124.

(1) Albert d'Aix, liv. VII, collection de Bongars, p. 294 et 295.

(2) Reinaud, *Extraits des historiens arabes des croisades*
(dans la *Bibliothèque des Croisades* de M. Michaud, tom. IV,
p. 265).

« on lui donnait les moyens d'entrer dans la ville.
« La proposition fut acceptée; il entra dans Acre;
« on lui fournit les matières nécessaires. Il fit
« bouillir ensemble du naphte et d'autres drogues
« dans des marmites d'airain; quand ces matières
« furent bien embrasées, qu'en un mot elles présen-
« tèrent l'apparence d'un globe de feu, il les jeta
« sur une des tours qui prit aussitôt feu, . . . . . la
« deuxième tour s'enflamma aussi, puis la troi-
« sième. »

Nous n'avons pas besoin de faire remarquer dans
ce passage l'emploi des *marmites*.

Un second historien, Ibn-Alatir, donne d'autres
détails sur le même fait (1) :

« L'homme de Damas, pour tromper les Chrétiens, lança d'abord sur une des tours des pots de
naphte et d'autres matières non allumées, qui ne
produisirent aucun effet. Aussitôt les Chrétiens,
pleins de confiance, montèrent, d'un air de triom-
phe, au haut de la tour et accablèrent les Musulmans de railleries. Cependant, l'homme de Damas
attendait que la matière contenue dans les pots
fût bien répandue. Le moment arrivé, il lança un
nouveau pot tout enflammé. A l'instant le feu se
communiqua partout et la tour fut consumée.
L'incendie fut si prompt que les Chrétiens n'eurent
pas même le temps de descendre; hommes, armes,

---

(1) Reinaud, *Bibliothèque des Croisades*, tom. IV, page 264.

tout fut brûlé. Les deux autres tours furent consumées de la même manière. »

Boha-eddin dit encore dans la suite de la relation du siége :

..... « Alors le danger devenant imminent, on prit deux traits du genre de ceux qui sont lancés par une grande baliste ; on mit le feu à leurs pointes, de telle sorte qu'elles reluisaient comme des torches. Ce double javelot lancé contre une machine s'y fixa heureusement. L'ennemi s'efforça en vain d'éteindre le feu ; car un vent violent vint à souffler. »

Les deux traits dont il est question devaient être semblables à ceux qui sont dessinés fig. 10. Le manuscrit de Hassan représente un grand nombre de ces projectiles formés de plusieurs traits réunis.

Dans sa route de Chypre à Saint-Jean-d'Acre, Richard rencontra un navire sarrasin qui portait secours à la ville assiégée et le coula à fond. Un chroniqueur rapporte ainsi ce fait (1) :

« Erat quidam qui diceret se apud Baruth extitisse quando navis illa his omnibus congestis fuerat onerata, centum videlicet camelorum sarcinis omnis generis armorum, videlicet magnis cumulis balistarum, arcuum, pilorum et sagittarum... Habebant et

---

(1) Gauthier, *Itinerarium regis Richardi*, collection de Thomas ale, tom. II, pag. 329.

ignem græcum abundanter in phialis, et ducentos serpentes perniciosissimos. »

Le récit fait à Gauthier n'offre rien qui ne soit facile à comprendre ; car les figures 28 et 29 paraissent représenter *ignem græcum in phialis*.

Pendant la cinquième croisade, des compositions incendiaires furent employées au siége de Damiette (1218) ; car un témoin oculaire, Olivier l'Ecolâtre, dit (1) :

« Ignis græcus cominus de turri fluminis et eminus de civitate, fluminis instar veniens, pavorem incutere potuit ; sed, per liquorem acetosum et sabulum ac extinctoria, subventum fuit laborantibus. »

La sixième croisade se tourna contre les Grecs, et nous n'avons plus à parler de la septième croisade, puisque l'on connaît les récits de Joinville ; mais il faut nous arrêter un instant pour faire remarquer que les projectiles incendiaires ont pu rester à peu près les mêmes pendant toutes ces croisades, comme les textes tendent à le faire croire, bien qu'il soit probable que l'art des compositions n'était pas demeuré stationnaire. Il serait nécessaire, pour pouvoir constater l'état de l'art à chaque époque, d'avoir sous les yeux des ouvrages spéciaux écrits dans le moment même ; on peut cependant remarquer que les mots *fulminis instar veniens*, employés dans le récit de la cinquième croisade, sem-

---

(1) *Corpus historicum,* par Eccard, tom. II, pag. 1404.

blent indiquer un bruit considérable, qui est aussi constaté par Joinville, quand il dit : « Il faisoit tel « bruit à venir, qu'il sembloit que ce fust fouldre « qui cheust du ciel. » Ces faits paraissent se rattacher soit à l'introduction de compositions formées de salpêtre, soufre et charbon, soit à une amélioration dans ces compositions. C'est peut-être au commencement du treizième siècle que fut introduit l'emploi de la cendre dans la purification du salpêtre.

Le bruit du projectile, maintenant bien constaté, va nous aider à comprendre les passages des auteurs arabes cités par Casiri, et montrera la cause des erreurs que ce savant a commises (1).

Voici d'abord un passage que Casiri dit avoir emprunté à un auteur arabe qui, ajoute-t-il, vivait à la cour du sultan d'Egypte, vers l'an 1249 de notre ère (2).

دب بعقارب البارود المصرورة وتوقـدت نارا حيث تدفـع تحرق امتدت كانها سحاب وهدرت كانها رعود واضطرمت كانها حريق وجعلت الكل رمادا

---

(1) *Bibliotheca arabico-hispana escurialensis*, tom. II, pag. 7.

(2) M. Reinaud pense que cet écrivain florissait un siècle plus tard. *Voy.* la préface qui accompagne sa traduction de la Géographie d'Aboulfeda. Le volume que cite Casiri est un tome dépareillé d'un grand ouvrage dont la Bibliothèque royale de Paris possède aussi quelques volumes. Au lieu de *al-Amraeo*, lem anuscrit de Paris porte *Alomary*. Un écrivain a lu *al-Marco*, au lieu de *Alamraeo*; confusion d'autant plus fâcheuse, qu'on aurait pu confondre l'auteur arabe avec *Marcus Græcus*, dont il est parlé ci après.

La traduction littérale de M. Reinaud est :......
« Il rampe avec les scorpions du bàroud mis dans
des sachets. Ces scorpions s'enflamment, et partout
où ils tombent ils brûlent. Ils s'étendent comme si
c'était un nuage, ils crient comme si c'étaient des
tonnerres, ils s'embrasent comme si c'était un bra-
sier, ils réduisent tout en cendres. »

· Faute d'avoir la phrase qui précède, on ignore à
quoi se rapportent les mots *il rampe ;* malgré cela,
ce passage est très clair, et s'applique évidemment
à un projectile composé d'une enveloppe contenant
une composition incendiaire comme celle dont
nous savons que les Arabes faisaient usage. Les expressions *rampe* et *scorpion* rendent fort bien l'effet
que devait produire la flamme, par le balancement
du projectile, pendant son mouvement dans l'air.

Voici la traduction donnée en latin par Casiri....
« Serpunt, susurrantque scorpiones circumligati
ac pulvere nitrato incensi, unde explosi fulgurant
ac incendunt. Jam videre erat manganum excus-
sum veluti nubem per aera extendi ac tonitrus instar horrendum edere fragorem ignemque unde-
quaque vomens, omnia dirumpere, incendere, in
cineres redigere. »

On voit que Casiri, qui traduisait *bàroud* par
*pulvere nitrato*, et qui ne connaissait pas d'autre
propriété de la poudre que l'explosion, en a introduit l'idée dans sa traduction. Voulant donner un
sens à ce passage, il était naturellement amené à y

voir l'emploi que nous faisons maintenant de la poudre.

Dans la relation du siége de Niébla, en 1257, Conde, dont l'histoire est composée de morceaux traduits de l'arabe, dit (1) : « Y resistian los com- « bates, y lanzaban piedras y dardos con maqui- « nas, y tiros de trueno con fuego. » Conde veut probablement dire que les assiégés lançaient des *traits de tonnerre*, par le moyen du feu, comme on lançait les pierres et les dards avec des machines, tandis que pour nous, qui connaissons les *tiros de trueno*, le sens serait *des traits tonnants avec du feu*. Il n'y a presque pas de doute que le mot *tonnerre* ne s'applique dans ce cas au projectile, et non à la machine qui sert à le lancer. Peut-être l'écrivain arabe a-t-il cherché à exprimer l'idée de la com- bustion du naphte, employée comme force pendant le mouvement ; mais il faudrait avoir sous les yeux le texte lui-même, pour prononcer d'une manière absolue sur le veritable sens.

Voici, d'après Casiri, un autre passage d'un au- teur arabe qui écrivait en Espagne dans la première moitié du quatorzième siècle : il y est question d'un roi de Grenade :

وجعل لحركة الى بلاد العدو الى مدينة بسطة فاخذ فى

---

(1) J.-A. Conde, *Historia de la dominacion de los Arabes en Espana*, édition de Baudry, page 559.

حلقها ونشر الحرب عليها ورمى بالالة العظمى المتحددة
بالنفط كرة محماة طاقة طاقة البرج المنبع

Traduction littérale de M. Reinaud :

« Le roi se transporta dans le pays ennemi, vers la ville de Bassetha ; il se mit à la cerner et il répandit la guerre sur elle, et il frappa l'arceau de la tour forte, avec la grande machine garnie de naphte en forme de boule chauffée. »

Traduction de Casiri :

« Ille castra movens, multo milite, hostium urbem Baza obsedit, ubi machinam illam maximam naphta et globo instructam, admoto igne, in munitam arcem cum strepitu explosit. »

On voit que Casiri n'hésite pas à voir un boulet chassé par la poudre, là, où le sens n'est pas suffisamment déterminé par la portion de phrase qu'il cite. Cependant les mots *en forme de boule chauffée* paraissent indiquer un projectile incendiaire, semblable à ceux dont il a déjà été parlé. S'il reste quelque doute à ce sujet, ce n'est pas que le naphte ait jamais pu donner lieu à l'explosion ; mais comme cette substance était beaucoup employée pour les compositions incendiaires, les hommes qui n'étaient pas du métier pouvaient confondre toutes ces compositions sous le nom de *naphte*, comme on a vu certains écrivains les confondre sous le nom de *bâroud*, mot qui a fini par garder la signification de celle de ces compositions dont l'usage s'est étendu et perpétué.

Voici le passage où Conde raconte le même siége (1) : « Asi que en la luna de Regeb del anno 724 ( 1325 ) fué a cercar la ciudad de Baza que habian tomado los christianos ; acampò y fortificò su real ; combatio la ciudad de dia y noche con maquinas é ingenios que lanzaban globos de fuego con grandes truenos, todo semejantes a los rayos de las tempestades, y hacian gran estrago en los muros y torres de la ciudad.

« Al anno siguiente de 725 fué el rey con poderosa hueste y bien provisto de maquinas é ingenios a cercar la ciudad de martos ; la combatio desde el dia 10 de Regeb con incesante fuego de las maquinas de truenos y se apodero por fuerza de la fortaleza. »

Conde dit que les machines lançaient des globes de feu ; ce sont vraisemblablement les marmites qui ont déjà été décrites ; les engins de tonnerre ne sont peut-être pas autre chose que les machines à fronde dont il a été également parlé. Il peut cependant rester du doûte à cet égard, parce que les Arabes ont dû aussitôt qu'ils ont connu l'emploi du canon, chercher à s'en servir pour lancer les projectiles incendiaires dont ils faisaient un si fréquent usage.

Le même doute existe pour le passage suivant, où Conde, dans la relation du siége de Tarifa, en

---

(1) Conde, édition Baudry, 1840, page 593.

1340, parle de l'empereur de Maroc et des guerriers maures d'Espagne : « Y fueron delante de
Tarifa y acamparon alli en 3 del siguiente mes, y
principiaron a combatirla con maquinas è ingenios
de truenos que lanzaban balas de hierro grandes
con nafta, causando gran destruccion en sus bien
torreados muros (1). »

Conde a probablement voulu dire que les balles
de fer étaient lancées par le naphte ; mais il a peut-
être substitué cette idée à une autre, dont l'expression aurait été peu différente. Ce n'est pas, au reste,
que les Arabes dussent à cette époque ignorer la
propriété projective de la poudre ; mais il est vraisemblable qu'ils ont continué longtemps à se servir
des machines à fronde, et à lancer leurs projectiles
*remplis de naphte*. Leurs écrivains doivent être à
ce sujet d'autant moins précis, que les expressions
de *foudre*, de *tonnerre*, de *naphte* et de *bároud* étaient
susceptibles de s'appliquer aux deux genres d'instruments de guerre dont ils voulaient parler.

Voici encore un passage extrait par Casiri de la
chronique espagnole du roi Alphonse XI ; il est
question du siége de la ville d'Algésiras, fait par Alphonse, vers l'an 1342 de notre ère :

« Y los Moros de la ciudad lançaban muchos
truenos contra la hueste en que lançaban pellas de
fierro grandes tamanas como mançanas muy gran-

---

(1) Conde, page 604.

des, y lançaban las tan lexos de la ciudad, que passavan allende de la hueste algunas dellas, è algunas dellas ferian en la hueste. »

Casiri a donné une traduction latine, dont le sens semble conforme à celui du texte :

..... « Multa Mauros ab oppido in exercitum displosisse tonitrua, quibus ferreas pilas malis matianis prægrandibus pares emittebant ; idque tam longe ut aliæ obsidentium copiarum stationem præterirent, aliæ ipsas offenderent copias.

Ici rien n'indique l'intention d'incendier, et le mot *truenos* nous paraît s'appliquer à la machine même, malgré les expressions *lançaban truenos*. Car on retrouvera souvent dans la suite les mots équivalents *lançaient canons*, pour exprimer que les canons lançaient des projectiles. Les marmites remplies de compositions étaient beaucoup plus grosses que les balles de fer dont il est ici question ; celles-ci étaient en fer plein, et on les lançait le plus loin possible, pour blesser par le choc, *ferian en la hueste*. Ce sont donc de véritables boulets de fer.

Cette distinction ne se trouve pas dans la relation que donne Conde du même siége (1).... « Levantoron los Cristianos grandes maquinas y torres de madera para combatir la ciudad, y los muslimes las destruian con piedras que tiraban desde sus

---

(1) Conde, page 606.

muros, y con ardientes balas de hierro que lanzaban con tronante nafta que las derribaba y hacia gran danno en los del campo. »

Il est seulement question dans ce passage de projectiles incendiaires qui auraient pu être lancés avec les machines à fronde. Pour en finir avec les passages cités par Casiri, nous dirons qu'il tombe dans une erreur peu pardonnable, quand il fait remonter la connaissance de la poudre jusqu'au septième siècle de notre ère, tandis que le passage qu'il emprunte à El-Macin, et qui est relatif à la prise de la Mecque par l'armée du khalife de Damas, fait uniquement mention de pots de naphte.

Voici encore un passage important qu'un savant orientaliste, M. le baron de Slane, a eu l'obligeance de nous communiquer. Ce passage est extrait de l'histoire des Berbères, écrite par Ibn Khaldoun, vers l'an 786 de l'hégire (1384 de notre ère) (1) :

ونصب عليها الات للحصار من الجانيق والعرادات

وهندام النفط القاذق بحصى للحديد ينبعث من خزانة (2)

امام النار الموقدة فى البارود بطبيعة غريبة ترد الافعال

الى قدرة باريها

---

(1) Voy. Ibn-Khaldoun, *Histoire des Berbères*, tom. II, manuscrits orientaux de la Bibliothèque royale, supplément arabe, n° d'entrée 2402,6, fol. 81, verso. M. de Slane prépare une édition du texte de cet important ouvrage, accompagnée d'une traduction.

(2) Le manuscrit de Leyde, fol. 94 verso, porte خزنة.

M. de Slane traduit ainsi ce passage :

« Abou-Yousouf (1), sultan de Maroc, mit le siége devant Sidjilmesa, en l'an 672 de l'hégire (1273)... Il dressa contre elle les instruments de siége, tels que des *medjanic* (2) et des *arrada* (3) et des *hendam* à naphte qui jettent du gravier de feu, lequel est lancé de la chambre (du *hendam*), en avant du feu allumé dans du *bároud*, par un effet étonnant et dont les résultats doivent être rapportés à la puissance du Créateur...... Il passa une année entière,.... et un certain jour, quand on s'y attendait le moins, une portion de la muraille de la ville tomba par le coup d'une pierre lancée par une *medjanic*, et on s'empressa de donner l'assaut.

Ce passage est de tous ceux que nous avons rencontrés le plus explicite, pour dire que le gravier de fer est lancé par l'action du feu allumé dans le *bároud*. C'est l'expression bien claire du fait de la poudre servant comme force projective. On voit que les deux mots *naphte* نفط et *bároud* بارود sont employés indifféremment pour exprimer la poudre; le

---

(1) Abou-Yousouf mourut en 685 de l'hégire (1286).

(2) *Medjanic* grande machine à lancer des pierres; c'est le Μηχανή des Grecs, et le *mangoneau* de nos ancêtres. C'est probablement aussi la *perrière* de Joinville.

(3) *Arrada* machina minor quam ea quæ medjanic appellatur (cujus ope lapides ad terminum longe remotum jaciunt). Arrada pourrait bien être l'*arbalète à tour*, dont Joinville a aussi parlé.

mot *hendam* signifie, suivant Castel, dans son Dictionnaire, *heptaglotton, congrua mensura*, et suivant Meninski, Dictionnaire arabe, persan et turk, *justa constitutio, symmetria*. Ainsi l'instrument qui servait à lancer le gravier de fer, n'a pas ici un nom particulier; l'écrivain emploié un mot générique à peu près équivalent au mot *ingenios*.

D'après le passage d'Ibn-Khaldoun, les Arabes du nord de l'Afrique auraient connu et employé la force projective de la poudre, dès l'année 1273, tandis qu'Hassan Alrammah, qui écrivait entre les années 1285 et 1295, n'en avait aucune connaissance. Le fait ne serait pas impossible; mais voici ce qui le rend peu probable.

Ibn Khaldoun parle d'un siége antérieur de plus de cent ans, au moment où il écrivait; ce n'était point un homme très versé dans les arts de la guerre; il était homme d'état et homme de lettres; ainsi il a pu altérer le sens des documents sur lesquels il écrivait, de manière à substituer à une machine ancienne un instrument usité seulement de son temps.

Un passage d'un chroniqueur arabe antérieur à Ibn-Khaldoun, vient ajouter à la force de ces observations. On lit dans le *Kartas*, ouvrage où se trouve une relation du même siége, ces mots (1):

---

(1) Le *Kartas*, page 209 de l'édition du texte arabe, publiée à Upsal, par M. Tornberg.

ونصب عليها الجانبيق والرعادات وضاق اهلها من شدة
الحصار..... فهتك الجانيق من سورها برجا ومسافة
فانهدم البرج والمسافة فدخلت من هنالك عنوة بالسيف

. . . . « Et il dressa contre elle des *medjanic* et
des *readat ;* et bloqua étroitement les habitants....
et les *medjanic* déchirèrent dans la muraille une
tour et un pan de mur ; la tour et le pan de mur
s'écroulèrent, et on pénétra par là, les armes à la
main, dans la ville. »

Le mot *readat* signifie littéralement *tonnant* ou
*faisant des tonnerres ;* ce sont les *machinas e truenos* qui ont naturellement servi à désigner les machines à lancer les projectiles incendiaires et les
bouches à feu (1).

Ibn-Khaldoun a connu le *Kartas*, comme on le
voit dans plusieurs endroits de son histoire des Berbères ; il ne serait pas impossible qu'il eût emprunté la description qu'il fait du siége de Sidjil-
massa à un autre document que les *Kartas ;* mais,
d'après le témoignage de M. de Slane, Ibn-Khaldoun
n'est point du tout un écrivain scrupuleux, qui re-
produise toujours avec exactitude le texte des documents dont il se sert ; le plus souvent, il les
abrége ; et, en les résumant, il en modifie quelquefois le sens par des additions qui semblent ne pouvoir être attribuées qu'à lui. Comme il lui est ar-

---

(1) Conde a probablement rendu par *trueno* les mots arabes
رعود et رعادة, qui renferment l'idée de tonnerre.

rivé plus d'une fois de transporter des pratiques et des institutions d'un lieu ou d'un temps dans un autre, on peut en conclure que la poudre était certainement employée comme force projective chez les Arabes du temps d'Ibn-Khaldoun, c'est-à-dire vers 1384, mais non en 1272, au siége de Sidjilmesa.

Un manuscrit arabe vient nous aider à reconnaître que la poudre ne fut pas employée comme force projective avant l'année 1311; c'est le traité intitulé : « *Livre de ce qu'il n'est pas permis à un médecin d'ignorer;* » ouvrage qui traite des remèdes simples et composés employés en médecine (1).» L'auteur est Yousouf, fils d'Ismaël Aldjouny. Il écrivait l'an 711 de l'hégire (1311 de notre ère).

Au folio 43 on lit : « *Bâroud.* » C'est, en Occident, le nom de la fleur assios (2). Dans la bouche des habitants de l'Irac, c'est le sel des murs, c'est-à-dire le sel qui s'élève sur les vieilles murailles où on le ramasse. Il est acide, plus fort que le sel. Il relâche le ventre et enlève les souillures du corps ; il ressemble au borax. Les habitants de l'Irac s'en servent pour produire le feu qui cherche à monter et qui se meut ; il augmente le feu en légèreté et en promptitude à s'enflammer. On ne l'emploie pas ailleurs que chez eux comme remède. »

---

(1) Manuscrits arabes de la Bibliothèque royale, ancien fonds, n° 1072. Il a été parlé de cet ouvrage dans l'avant-propos.

(2) Voy. ci-devant, p. 14 et 15.

بارود هو اسم لزهرة اسيوس بالمغرب وفى عرف اهل العراق
على ملح الحايط وهو ملح يتصاعد على الحيطان العتنق
فيجمعونه وهو جاد اقوى من الملح مطلق للبطن منق
اوساخ البدن يشبه البورق وهم يستعملونه فى اعمال النار
المتصاعدة والمتحركة فيزيدها خفة وسرعة النهاب ولا
يستعمل فى غيرهم فى مداواة

Dans la phrase *les habitants de l'Irac l'emploient*
*pour produire le feu qui cherche à monter et qui se*
*meut, et il augmente le feu en légèreté et en promp-*
*titude à s'enflammer,* il n'est question que des propriétés que nous avons remarquées dans les compositions incendiaires décrites par Hassan Alrammah.
Or, n'est-il pas évident que si Yousouf avait connu
la propriété projective de la détonation de la poudre, il aurait fait mention de son emploi, circonstance qui aurait dû le frapper d'autant plus vivement qu'il eût été d'une d'une date récente, au
moment où il écrivait.

Il est donc très probable que l'écrivain cité ignorait la propriété de la poudre à canon ; on peut affirmer aussi que les Arabes ne s'en servaient pas
encore en 1311.

Nous connaissons l'art des feux de guerre chez
les Arabes ; nous allons chercher ce qu'était cet art
chez les Grecs du bas empire qui ont donné leur
nom au feu grégeois.

# CHAPITRE III.

## LE FEU GRÉGEOIS CHEZ LES GRECS DU BAS EMPIRE.

Nous commencerons la recherche que nous avons à faire de l'emploi du feu grégeois chez les Grecs du bas empire par l'examen d'un ouvrage déjà célèbre et fort controversé ; nous voulons parler du *Liber ignium ad comburendos hostes*, dont l'auteur est connu sous le nom de *Marcus Græcus* ; voici les passages qui ont excité le plus vivement la curiosité (1) :

« *Nota*, quòd ignis volatilis in aere duplex est compositio.

« Quorum primus est :

« *Re.* Partem unam colofoniæ, et tantum sulfuris vivi, partes vero salis petrosi ; et in oleo linoso vel lauri, quod est melius dissolvantur bene pulverizata est oleo liquefacta. Post in cannâ vel ligno concavo

---

(1) *Liber ignium*, Paris, 1804, page 5.

reponatur et accendatur. Evolat enim subito ad quemcumque locum volueris, et omnia incendio concremabit.

« Secundus modus ignis volatilis hoc modo conficitur.

« *Re.* Acc. li. I sulfuris vivi ; li. II carbonum tilliæ (vel cillie) vel salicis ; VI li. salis petrosi, quæ tria subtilissimè terantur in lapide marmoreo.

« Postea pulverem ad libitum in tunicâ reponatis volatili, vel tonitruum facientem.

« *Nota,* tunica ad volandum debet esse gracilis et longa, et cum prædicto pulvere optimè conculcato repleta. Tunica vero tonitruum faciens debet esse brevis et grossa, et prædicto pulvere semi plena, et ab utrâque parte fortissimè filo ferreo bene ligata.

« *Nota,* quòd in quâlibet tunicâ parvum foramen faciendum est, ut tentâ impositâ accendatur, quæ tenta in extremitatibus fit gracilis, in medio verò lata et prædicto pulvere repleta.

« *Nota,* quòd ad volandum tunica plicaturas ad libitum habere potest : tonitruum vero faciens, quam plurimas plicaturas.

« *Nota* quòd duplex poteris facere tonitruum atque duplex volatile instrumentum : videlicet tunicam includendo. »

Cherchons d'abord à nous rendre compte du sens de ce texte et à l'exprimer par le dessin.

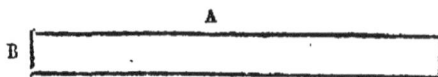

Tunica ad volandum debet esse gracilis et longa.

Tunica verò tonitruum faciens debet esse brevis

et grossa.

*Nota*, quòd in quâlibet tunicâ parvum foramen faciendum est.

A quel endroit de la première figure placerons-nous le *parvum foramen*? Si nous le placions en A, le feu se communiquerait en même temps à la droite et à la gauche de l'ouverture ; les gaz qui se forment par la combustion agiraient également des deux côtés en sens opposé : il n'y aurait qu'un mouvement fort léger, dans le sens opposé à l'ouverture. On sait que si l'on veut produire le mouvement de ce tube par la combustion de la composition qu'il contient, c'est à une des extrémités qu'il faut faire l'ouverture pour la communication du feu, en B par exemple , parce qu'alors les gaz qui se forment dans la combustion agissant dans tous les sens , et trouvant dans l'air un obstacle à leur expansion, pressent sur toute la surface de la section du tube, pour le pousser dans la direction de B vers A ; et le tube, pendant son mouvement, porte avec lui cette force accélératrice, tant que la composition n'est pas entièrement brûlée. C'est là ce qu'on appelle aujourd'hui une fusée ; si l'on n'y ajoute pas, comme il est maintenant d'usage, une baguette d'une certaine longueur s'étendant au delà de l'ouverture B où l'on doit mettre le feu, la direction du mouvement est pour ainsi dire instable, aucune résistance ne ve-

6

nant empêcher la fusée d'obéir aux actions qui tendent à changer sa direction, comme le fait le poids même de la fusée ou le plus léger souffle de vent.

Nous avons dit que les Arabes connaissaient la propriété que la combustion a de produire le mouvement; les mots volant طيار et fusée صواريخ suffiraient pour l'attester; mais on a vu de plus qu'ils employaient cette propriété d'une manière fort ingénieuse, dans *l'œuf qui se meut et qui brûle*, où trois fusées sont combinées de manière que deux de ces fusées servent de baguette à la troisième. *L'œuf* brûle aussi dans la partie antérieure, tandis que, comme on l'a remarqué, la fusée de Marcus, en supposant que rien ne vienne changer sa direction, arrive sur l'objet que l'on désire atteindre, par la partie qui n'est pas en combustion; ceci n'était qu'un mauvais instrument de guerre pour incendier.

L'invention décrite par Marcus est donc la fusée la moins perfectionnée ; c'est la fusée primitive. L'instrument des Arabes est beaucoup plus avancé; et dans l'ordre des idées de l'esprit humain la connaissance de la fusée de Marcus a dû précéder celle des Arabes.

« *Nota*, quòd in quâlibet tunicâ parvum foramen faciendum est, ut tentâ impositâ accendatur, quæ tenta in extremitatibus fit gracilis, in medio verò lata et prædicto pulvere repleta. »

Il s'agit ici d'un tube d'amorce dont il est bon de noter la forme ⬦, parce que c'est celle que recevaient les amorces des Arabes. Celles-ci sont également amincies en pointe, pour aller ensuite en s'évasant. Aujourd'hui, comme on est plus assuré de la combustion des amorces, quand on veut en employer d'analogues, on ne leur donne plus de renflement ; on se contente de la forme cylindrique.

Nous ferons usage un peu plus loin de cette observation.

La proportion 1 soufre, 2 charbon, 6 salpêtre se rapproche beaucoup de celle de notre poudre de guerre, qui est 75 salpêtre, 12 1/2 charbon, 12 1/2 soufre, et encore plus de la poudre de chasse, 76 salpêtre, 14 charbon, 10 soufre, ou de certaines poudres anglaises ; il est certain qu'aujourd'hui la poudre fabriquée dans la proportion donnée par Marcus détonerait, c'est-à-dire brûlerait dans un temps trop court pour former une fusée comme celle qu'il décrit; la combustion du mélange qu'il propose, était donc beaucoup moins vive que ne le serait aujourd'hui celle du mélange des mêmes substances ; cela est au reste bien facile à expliquer, quand on fait attention au passage suivant qui dans l'ouvrage de Marcus vient immédiatement après l'extrait que nous avons rapporté.

« *Nota*, quòd sal petrosum est minera terræ, et reperitur in scrophulis contra lapides. Hæc terra dissolvitur in aquâ bulliente, postea depuratâ et distillatâ per filtrum, et permittatur per diem et noctem integram decoqui, et invenies in fundo laminas salis conielatas cristallinas.

6.

Marcus, pour purifier le salpêtre, se contente de le dissoudre dans l'eau bouillante, de filtrer et de laisser le sel se déposer; il ne connaissait pas l'emploi de la cendre qui est décrit par Hassan Alrammah; ainsi le salpêtre qu'il obtenait devait être beaucoup plus impur que celui des Arabes du treizième siècle. L'eau dans laquelle on dissoudrait aujourd'hui les matières qui fournissent le salpêtre, contiendrait une proportion de plus de 9 parties de substances étrangères contre 1 partie de salpêtre. Cela montre à quel point le salpêtre obtenu par Marcus aurait pu être impur; mais comme on trouve en Orient le salpêtre beaucoup plus rapproché de l'état de pureté que ne l'est celui que l'on récolte dans nos climats, le salpêtre employé par Marcus devait après la dissolution, contenir beaucoup moins de substances étrangères que n'en contiendrait le nôtre, si nous nous servions du même procédé d'extraction. Cependant il n'est nullement surprenant que le salpêtre impur dont se servait Marcus, fusât, c'est-à-dire donnât seulement une combustion vive, par son mélange avec le soufre et le charbon dans les proportions indiquées.

C'est parce que jusqu'à présent personne n'a fait attention aux conséquences de l'imperfection du procédé décrit par Marcus pour la préparation du salpêtre, qu'il a été commis tant d'erreurs sur ce sujet. On n'a pas vu que la composition de Marcus ne détonait que dans une circonstance particulière dont nous nous occuperons bientôt : c'est ainsi qu'on

lit dans un ouvrage du célèbre géomètre anglais
Robins (1) : « La poudre à canon, quelque temps
« après l'invention de l'artillerie, n'était pas à beau-
« coup près aussi forte que celle dont nous nous
« servons aujourd'hui, ou que l'ancienne dont parle
« Marcus Græcus.... »

Il nous reste encore à expliquer comment avec ce
mélange qui n'était que fusant, Marcus pouvait cependant produire une détonation.

« Tunica vero tonitruum faciens debet esse brevis et grossa, et prædicto pulvere semiplena, et ab
utrâque parte fortissimè filo ferreo bene ligata. »

L'enveloppe est rendue beaucoup plus solide ;
et comme la composition ne remplit que la moitié
de la capacité, il en résulte que le feu communiqué
par la petite ouverture, ne brûle plus la composition par couches successives, comme cela avait lieu
dans le conduit étroit et complétement rempli de
*tunica ad volandum*, dont nous avons parlé ; ici
une grande partie de la composition s'enflamme
en même temps; les gaz ne pouvant pas s'échapper,
par la petite ouverture, aussi vite qu'ils se forment,
la chaleur et la pression intérieure augmentent jusqu'à ce que l'enveloppe qui a été rendue solide, soit
brisée ; en ce moment, les gaz arrivant brusquement

---

(1) *Traité de Mathématiques* contenant ses nouveaux principes
d'artillerie. Grenoble, 1771.

dans l'air, y produisent cette agitation forte et subite qui imite le bruit du tonnerre.

On voit que le fait de la détonation, tel que le connaissait Marcus, confirme les explications précédentes, au lieu de les contredire.

On trouve encore dans l'ouvrage de Marcus deux autres recettes de *feu volant,* où entre le salpêtre; nous les rapportons, sans entrer dans aucune nouvelle explication (1) :

« Ignis volantis in aere triplex est compositio ; quorum primus fit de sale petroso et sulphure, et oleo lini, quibus tribus insimul distemperatis, et in cannâ positis et accensis protinus in aere sublimetur. Alius ignis volans in aere fit ex sale petroso et sulphure vivo, et ex carbonibus vitis vel salicis ; quibus insimul mixtis et in tentâ de papiro factâ positis et accensis, mox in aerem volat. Et nota, quòd respectu sulphuris debes ponere tres partes de carbonibus, et respectu carbonum tres partes salis petrosi.

Il resterait à savoir dans quel temps vivait Marcus Græcus, ou plutôt à quelle époque et dans quel pays il a été fait usage des moyens de guerre qu'il décrit.

Si on rapproche les deux procédés pour la préparation du salpêtre décrits par Marcus et par Hassan Alrammah, on voit que l'esprit humain a dû nécessairement passer par le premier pour arriver au second.

_____

(1) *Liber Ignium*, page 13.

Marcus dissout le salpêtre dans l'eau bouillante, filtre, laisse refroidir et déposer.

Hassan Alrammah exécute d'abord la même opération ; puis il la recommence, en faisant bouillir le salpêtre ainsi obtenu avec de la cendre.

A une époque où les chimistes n'étaient guidés par aucune des notions théoriques qui nous sont aujourd'hui familières, combien d'essais, de tâtonnements, d'efforts et de temps n'a-t-il pas fallu pour arriver du premier procédé au second ? L'emploi que les chimistes anciens faisaient de la cendre (1) dans plusieurs de leurs préparations, est sans doute ce qui a conduit à l'employer pour la purification du salpêtre. Cependant il ne serait pas étonnant qu'il eût fallu de longues années pour obtenir ce perfectionnement ; il n'est donc pas douteux que Marcus, ou du moins les notions qui sont contenues dans son traité, ne remontent à une époque antérieure au treizième siècle.

Le mot *Græcus* qui accompagne son nom, a depuis longtemps fait penser qu'il y avait été ajouté par l'écrivain qui a traduit son traité du grec en latin ; l'orthographe inusitée du mot *Marchus*, écrit dans la première phrase des deux manuscrits de la Bibliothèque royale, avec un ch. qui paraît reproduire le X grec, donne une nouvelle force à cette

---

(1) *Histoire de la Chimie*, par M. Hoefer. Paris, 1842. Tome I, pages 41, 320, 325, 334, etc.

présomption ; nous devons ajouter que son traité a été mentionné par un assez grand nombre d'auteurs de siècles différents, parmi lesquels nous citerons un écrivain italien.

On lit dans le *Traité de Pyrotechnie* de Biringuccio (1) : « Mais mettant toutes les différences des com-« positions susdites, je me suis travaillé le plus que « j'ay pu de trouver celles que je vous vueil déclarer, « et premièrement depuis le temps d'Alexandre le « Grand jusquez à celui de Marcus Graccus » (dans l'édition italienne de 1540, le nom est écrit Marcho gracho) « par adventure inventeur ou grand expéri-« mentateur, de telles choses desquelles entre ses écrits « j'ay fait élection d'aucunes...... et dit-on qu'en « cette façon Marcus Gracchus » (dans l'italien il y a : il detto Marcho graco et on retrouve une troisième fois ces mots écrits avec grand M et petit g) « fit brû-« ler l'armée navale des Romains, et assure-t-on ce « feu être inextinguible s'il n'est couvert avec sable « et arrousé d'urine vieille et fort vinaigre........ »

Biringuccio, qui a écrit son traité dans sa vieillesse, parle à plusieurs reprises de l'expédition de Charles VIII en Italie, comme d'une chose qu'il a vue. Cette expédition eut lieu en 1495 ; nous pouvons donc sans faire de suppositions sur l'époque de la défaite de l'armée navale des Romains, dire qu'un

---

(1) Biringuccio.—*La Pyrotechnie,* traduction de Jacques Vincent. Paris, 1572, page 165.

écrivain qui vivait à la fin du quinzième siècle, parle de Marcus comme d'un homme très antérieur à lui.

Suivant quelques auteurs (1), il serait question de Marcus dans un ouvrage du médecin arabe Mesué, lequel vivait dans la première moitié du neuvième siècle. Le passage où l'on a cru retrouver le nom de Marcus, appartient à une version latine du traité *de Simplicibus*. Il est parlé, dans ce passage, d'une recette de médecine commençant par ces mots : *Et dicit Græcus* (2). La Bibliothèque royale ne possède pas le texte arabe des œuvres de Mesué ; mais elle renferme une version rabbinique du traité *de Simplicibus*; et dans l'endroit qui correspond au mot latin *græcus*, on trouve le mot *Iounâny*, c'est-à-dire, l'Ionien (3), terme qui, dans les écrits des Arabes et des Juifs, s'applique aux Grecs de l'antiquité. D'ailleurs, la recette médicale rapportée dans le traité de Mesué, se retrouve dans l'ouvrage classique de Dioscoride, intitulé : *de Materiâ medicâ*, liv. II, chap. 193 (4). D'après cela, il ne peut pas rester de doute que l'écrivain cité par

---

(1) Dutens, *Origine des découvertes attribuées aux modernes*, tom. II, pag. 70 et suiv. ; Hoëfer, *Histoire de la Chimie*, tom. I, pag. 284.

(2) Mesué, *de Simplicibus*, chap. XXVI, pag. 85 ; édition de Venise, 1581.

(3) Manuscrits hébreux de la Bibliothèque royale, ancien fonds, n° 379, folio 127 recto, et n° 389, folio 124 verso.

(4) Édition de Kühn, tom. I, page 304.

Mesué ne soit tout différent de l'auteur du *Liber Ignium*.

Un écrivain oriental connu sous le nom de Geber, qui est considéré comme le père de la chimie arabe, décrit, d'après M. Hoefer, la même préparation du salpêtre que celle qui se trouve dans le traité de Marcus. M. Hoefer, rendant compte, dans son *Histoire de la Chimie* (1), des ouvrages de Geber, s'exprime ainsi (2) : « Quant à la préparation du sel « gemme, du nitre, de l'alun glacial ou de roche, « de l'alun plumeux, etc., elle consistait tout sim- « plement dans la cristallisation de ces sels par l'é- « vaporation et le refroidissement de leur dissolu- « tion dans l'eau. »

Les premiers essais faits par les Arabes dans la chimie, science qui dans le principe se confondait avec l'alchimie, remontent au premier siècle de l'hégire, septième siècle de notre ère, et se ratta- chent aux doctrines qui, depuis les rois Ptolémées, s'étaient concentrées dans la ville d'Alexandrie. Le premier, chez les Arabes, qui se livra à cette étude d'une manière suivie et dont le nom s'est conservé parmi eux, est un prince de la dynastie des Om- miades, Khaled, fils du calife Yezyd, lequel était fils du calife Moavia; et Moavia avait débuté dans la carrière politique en servant de secrétaire à Mahomet.

---

(1) Tome I, page 310.
(2) Tome I, page 321.

Dans les derniers temps de la domination des empereurs de Constantinople en Egypte, un homme appelé Adfar, qui professait le christianisme, se fit une grande réputation à Alexandrie par ses connaissances dans les sciences occultes ; on disait qu'il avait retrouvé le traité composé jadis par Hermès. Un jeune homme, né à Rome et appelé Morienus, ayant entendu parler des merveilles qu'opérait Adfar, se rendit en Egypte et parvint à se faire initier par lui à tous ses secrets. Bientot l'Egypte ayant été subjuguée par les Musulmans, Morienus se retira, l'an 645, à Jérusalem et s'y livra à la vie solitaire, au milieu des montagnes qui avoisinent la Ville Sainte. Plus tard, vers l'an 690, et lorsque Morienus fut devenu vieux, le bruit des efforts que le prince Khaled faisait pour pénétrer dans les doctrines les plus mystérieuses, et du bon accueil qu'il accordait sans distinction de religion, à tous ceux qui avaient les mêmes goûts que lui, arriva jusqu'au solitaire. Il quitta son ermitage et se rendit auprès du prince auquel il communiqua tout ce qu'il savait. Khaled mourut l'an 85 de l'hégire (704 de J.-C.). Pour les entretiens qui avaient eu lieu entre lui et le moine, ils furent mis par écrit en langue arabe, et, cinq cents ans plus tard, Robert *Castrensis* les traduisit en latin (1).

_____

(1) La version latine qui porte le titre de *liber de Compositione alchemiæ*, a été publiée par Manget, dans sa collection intitulée

Geber profita des essais qui avaient été faits par Khaled et les surpassa. Qui était Geber et à quelle époque précise a-t-il vécu? Dans les manuscrits arabes de la Bibliothèque royale, où se trouvent certains traités de Geber, cet auteur est nommé Abou Moussa Djâber le sofi (1). D'un autre côté, l'on remarque dans le manuscrit du supplément arabe de la Bibliothèque royale, intitulé *Tàrykh–Alhokamà* ou *Histoire des Philosophes*, une courte notice sur Geber, qui nous apprend que celui-ci portait le titre de *al Koufi* ou le Koufien.

Il résulte de ces divers témoignages que le véritable nom de cet écrivain, qui a joui du plus grand renom au moyen âge, était Djâber; il eut un fils appelé Moussa, et son père se nommait Hayyan. Pour lui, il était originaire de la ville de Koufa, près des bords de l'Euphrate, et tout en étant adonné à l'étude des sciences, il menait la vie contemplative des sofis. A l'égard de l'époque où il a vécu, Geber dit lui-même dans quelques-uns de ses traités, qu'il était le contemporain de l'iman Djafar surnommé le juste, qu'il

---

*Bibliotheca chemica curiosa*, Genève, 1702, tom. I, p. 509 et suiv. sur Khaled et sur Morienus, on peut consulter l'avertissement mis par Robert en tête de sa traduction, et le Dictionnaire biographique d'Ibn-Khallekan, édition de M. de Slane, texte arabe, tom. I, p. 246 et version anglaise, tom. I, pag. 481.

(1) Manuscrits arabes de la Bibliothèque royale, ancien fonds, n° 972; fonds Ducaurroy, n° 27. Du reste ces différents traités se rapportent en général à l'alchimie plus qu'à la chimie.

eut des rapports personnels avec lui, et qu'il lui soumit plusieurs de ses ouvrages (1). En effet l'iman Djafar, auquel une grande partie des Musulmans ont attribué un caractère divin, et qui est encore regardé comme ayant possédé tous les genres de connaissances, passe pour avoir cultivé la chimie ou plutôt l'alchimie et les autres sciences occultes (2). Or l'iman Djafar vivait dans le milieu du huitième siècle, et il mourut l'an 765 (3). Ces détails, bien qu'imparfaits, nous ont paru nécessaires, ne fût-ce que pour faire rejeter les récits inexacts qu'on trouve dans plusieurs ouvrages accrédités, notamment dans l'*Histoire de la Chimie*, de M. Hoefer (4).

Pour en venir aux questions qui font l'objet spécial de notre travail, nous allons examiner les conclusions que M. Hoefer a tirées du traité de Geber, ayant pour titre en latin *Liber investigationis magisterii Gebri philosophi perspicacissimi*. On y lit (5) :

« De salis vitri præparatione. Sal petræ dissolvi-

---

(1) Manuscrits arabes de la Bibliothèque royale, fonds Ducaurroy, folio 136 et suiv. et ailleurs.

(2) Chronique d'Aboulfeda, édit. de Copenhague, tom. II, pag. 22.

(3) Reinaud, *Monuments arabes, persans et turcs du cabinet de M. le duc de Blacas*, tom. I, pag. 370.

(4) Les écrits de Khaled, de Djafar et de Djâber sont cités en tête d'un Traité d'Alchimie (manuscrits arabes de la Blibliothèque royale, supplément, n° 782), comme les sources où l'auteur a puisé. Les noms de ces mêmes écrivains reviennent au folio 146 verso du volume.

(5) Édition de Dantzick, 1682, pag. 205.

« tur in aquâ fontis, per filtrum distillatum, conge-
« latur in vase nitreo usque ad ipsius fusionem cris-
« tallinam. »

La substance qui prend ici le nom nouveau de
*salis vitri,* est en effet préparée comme le salpêtre
décrit par Marcus ; mais on va voir qu'il n'en était
pas de même du *salis nitri.* On lit en effet immédiatement après le passage que nous venons de citer :
« De salis nitri præparatione. Sal nitri sic præpara-
« tur : Dissolve sagimen vitri in aquâ forti, distilla
« per filtrum et congela in vase nitreo, et sic optime
« clarificatur. »

Cette préparation du nitre n'est plus du tout
conforme à ce que dit M. Hoefer. Nous n'entrepren-
drons pas de déterminer le sens exact de toutes les expressions qui y sont employées, et cependant ce sens,
celui surtout des mots *aquâ forti,* serait nécessaire
pour connaître les effets de cette préparation. Nous
nous contenterons de faire remarquer que la préparation du nitre, qui se trouve dans le *liber Investigationis,* serait plus avancée que celle du *liber
Ignium;* elle constaterait de nouveaux efforts faits
pour purifier le salpêtre.

Mais les passages latins que nous avons cités ap-
partiennent-ils réellement à Geber ? il y a lieu d'en
douter : on a vu précédemment que les deux auteurs arabes Ibn-al-Beythar et Hassan Alrammah,
qui vivaient dans le treizième siècle, n'eurent pour
désigner notre salpêtre que les expressions de *neige
de Chine, sel de Chine* et *bároud;* comment se fe-

rait-il que Geber, qui paraît avoir vécu dans le huitième siècle, eût eu à son usage, pour indiquer les trois états successifs de cette même substance, des dénominations que son traducteur latin aurait été autorisé à rendre par *salpetra, sal vitri* et *sal nitri?*

Il est vraisemblable que dans le *liber Investigationis* les expressions de l'original ont été mal rendues par le traducteur. Tout porte à penser que l'expression *sal nitri*, qui signifie chez nous le salpêtre, mais qui n'avait qu'un sens vague chez les anciens, remplace ici le mot *natron* qui se trouvait dans l'original, et qui jusqu'à ces derniers temps à porté chez nous dans le commerce le nom de *nitre* (1). Ce qui semble le faire croire, c'est que le mot *natron* se rencontre souvent dans les traités arabes de Geber qui se trouvent à la Bibliothèque royale. De plus, dans la version latine du livre de Morienus (2), il y a un endroit où on lit *sal anatron* (3), *id est, sal nitri*, soit que le mot *nitre* eût

_____

(1) Voy. ci-devant, pag. 19 et 20. Depuis l'impression de ce feuillet, nous avons de nouveau examiné la question de l'origine du mot *nitre*, et il nous a semblé que c'était sans fondement que certains auteurs avaient rattaché ce mot à la langue hébraïque. Le mot *nitre*, employé dans le sens de *salpêtre*, ne se rencontre ni chez les écrivains arabes, ni chez les écrivains juifs du moyen âge. C'est évidemment le mot grec Νίʼĵρον appliqué à une substance particulière.

(2) Recueil de Manget déja cité, tom. I, pag. 514.

(3) Pour *al-natron*, que les Arabes prononcent *annatron*.

dès le douzième siècle acquis, dans le langage scientifique, la valeur qu'il a aujourd'hui, soit qu'il fût employé d'une manière aussi vague que par le passé.

Essayons de substituer dans les deux préparations de Geber, telles qu'elles sont présentées dans le *liber Investigationis*, le mot *natron* au mot *nitrum* : « Sal nitri sic præparatur : Dissolve sagimen vitri « in aquâ forti, distilla, etc. » Le *sagimen vitri* ne sera plus le nitre d'à-présent, mais bien le natron ou sesquicarbonate de soude qui servait et qui sert probablement encore en Afrique à la préparation du verre (1) : d'où il résultera que cette préparation ne peut s'appliquer à notre nitre on nitrate de potasse. Il en est de même de l'autre recette, où les mots *sal vitri* s'appliquent parfaitement au natron, et ne sauraient en aucun cas se rapporter au salpêtre. Ici les déductions que la science chimique autorise ont tous les caractères de la certitude, et l'on peut affirmer, comme si on avait le texte arabe sous les yeux, que la traducteur latin s'est trompé, quand il a dit : « Sal petræ dissolvitur in aquâ fontis. » On a vu précédemment que l'expression *sal petræ*, c'est-à-dire, *sel de pierre* ou *salpêtre*, n'avait pas de véritable équivalent dans la langue arabe.

(1) On lit dans le Traité de Chimie de M. Dumas, tom. II, pag. 533 : « Le verre a été connu des Phéniciens qui, pendant longtemps, en ont pour ainsi dire conservé le monopole, favorisés par la réunion du natron, du sable et du combustible, dans un pays placé d'ailleurs sur les bords de la mer. »

Le traducteur aura rendu par *sal petræ* des mots qui en arabe signifiaient *sel pierre* ou *sel dur comme la pierre*, c'est-à-dire *sel de roche*. En effet, telle est la dureté du natron qui se forme naturellement en Egypte, dans deux lacs situés à l'ouest du Delta, qu'on est obligé de le casser avec des barres de fer (1).

Le résultat de cette discussion est que ni Morienus ni Geber n'ont eu, comme Marcus, l'avantage de connaître le salpêtre. En même temps l'on ne peut douter que l'ouvrage de Marcus n'ait reçu sa forme actuelle après la première apparition des Arabes dans l'histoire de la science; ce qui le prouve, c'est l'emploi qui y est fait de certaines expressions arabes, par exemple *alkitran*, mot dont nous avons fait *goudron*, et qui dérive du verbe *kathara*, signifiant *découler*; tel est encore le mot *alambic*, qui joue un si grand rôle dans l'art de la distillation.

La rédaction définitive du traité de Marcus doit donc être placée entre le neuvième et le douzième siècle. D'une part elle est antérieure à l'invention des procédés décrits par Hassan Alrammah; d'autre part elle a nécessairement eu lieu après les écrits de Khaled et de Geber.

Le *Theatrum chemicum*, recueil des ouvrages de

---

(1) Les murailles d'un fort de l'empire de Maroc, appelé Alcassar, et aujourd'hui en ruines, ont, dit-on, été construites avec des masses naturelles de ce sel. Dumas, *Traité de Chimie*, tom. II, pag. 33.

chimie les plus anciens, imprimé au commencement du dix-septième siècle, contient un ouvrage
ayant pour titre : « *Philosophiæ chimicæ duo vetus-
tissima scripta*. 1° Senioris Zadith, filii Hamuelis
Tabula chimica; 2° Anonymi veteris philosophi Con-
silium conjugii, seu de Massa solis et lunæ, libri tres
verè aurei. Ex arabico sermone latina facta, cum
diversis manuscriptis collata, et marginalibus or-
nata (1). »

Dans cet ouvrage le nom de Marchos est cité
fréquemment comme celui de l'un des pères de la
chimie, avec les noms de Hermès et de Alkakir (2).
S'agit-il ici de l'auteur du *Traité des Feux de guerre?*
c'est ce que nous ignorons, et ce que des recherches
postérieures apprendront peut-être un jour.

En lisant le traité de Marcus, il est facile de
voir que c'est un recueil, non pas de ses inventions,
mais de tous les moyens pratiqués, soit de son temps,
soit antérieurement, pour former des compositions
combustibles. On y trouve : « Ignis quem invenit
Aristoteles, quandò cum Alexandro rege ad obscura
loca iter ageret, » et « Sequitur alia species ignis
quo Aristoteles domos in montibus sitas destruxit
incendio. » C'est encore la tradition qui fait remonter à Alexandre le Grand l'emploi à la guerre des
compositions incendiaires.

---

(1) *Theatrum chemicum.* Argentorat, 1622. Tome V.
(2) On lit page 237, *dixit iterùm Marchos;* page 240, *dixit rex
Marchos,* etc.

Les recettes de Marcus, moins nombreuses que celles de Hassan Alrammah, sont beaucoup moins perfectionnées ; mais, si nous ne nous sommes pas trompés dans nos déductions, un examen attentif doit faire trouver dans le traité de Marcus les compositions qui constituaient le feu grégeois, à une certaine époque, chez les Grecs du Bas-Empire ; car ce qu'on a vu chez les Arabes, donne le droit de supposer que ce feu grégeois ne devait pas être produit, comme on l'a généralement cru, par une composition unique, mais par un certain nombre de compositions différentes. Nous citerons quelques passages du livre de Marcus, en nous servant de la traduction de M. Hoefer, à qui la lecture d'un grand nombre de textes sur la chimie du moyen âge nous paraît en général avoir procuré l'intelligence des expressions techniques (1).

« Moyens de combattre l'ennemi par le feu, tant sur mer que sur terre.

« Prenez de la sandaraque pure, une livre, du sel ammoniac dissous, même quantité ; faites de tout cela une pâte que vous chaufferez dans un vase de terre verni, et luté soigneusement avec du lut de sagesse (2). Vous continuerez à chauffer jusqu'à ce que la matière ait acquis la consistance du beurre ; ce

---

(1) *Histoire de la Chimie*, tome I, page 285. Voir le texte à l'Appendice, n° B.

(2) « Ce lut variait de composition ; il y entrait du sable, de la chaux et du blanc d'œuf. »

qu'il est facile de voir en introduisant par l'ouverture du vase une baguette de bois à laquelle la matière s'attache. Après cela, vous y ajouterez quatre livres de poix liquide. On évite, à cause du danger, de faire cette opération dans l'intérieur d'une maison. Si l'on veut opérer sur mer, on prendra une outre en peau de chèvre, dans laquelle on mettra deux livres de la composition que nous venons de décrire, dans le cas où l'ennemi est à proximité. On en mettra davantage, si l'ennemi est à une plus grande distance. On attache ensuite cette outre à une broche de fer (*veru ferreum*) dont toute la partie inférieure est elle-même enduite d'une matière huileuse; enfin on place sous cette outre une planche de bois proportionnée à l'épaisseur de la broche, et on y met le feu sur le rivage. L'huile s'allume, découle sur la planche, et l'appareil, marchant sur les eaux, met en combustion tout ce qu'il rencontre. »

D'après les historiens grecs du Bas-Empire, ce fut l'an 673 de J.-C., que Callinique apporta aux Grecs le feu grégeois, dont ceux-ci le regardèrent comme l'inventeur. Ce fut par son emploi que les Arabes, qui assiégeaient alors Constantinople, virent leur flotte incendiée et détruite à Cyzique. Tant qu'on n'aura aucun renseignement certain sur la manière dont les Grecs ont fait usage de ce feu cette première fois, il n'y aura aucun point d'appui solide pour les conjectures que l'on pourra faire à cet égard; mais si l'on admettait la tradition d'après laquelle le feu était mis à la quille du vaisseau (1), l'emploi du procédé que nous venons d'exposer n'aurait rien d'invraisemblable.

Si on se reporte, chose que l'on ne peut faire trop souvent, à l'époque où cette invention fut employée pour la première fois, on trouvera qu'elle était fort ingénieuse et qu'elle a dû vivement saisir les imaginations. Suspendre ainsi à la surface de l'eau une substance enflammée qu'un vent léger suffisait à pousser vers l'ennemi, sans que les vagues de la mer l'éteignissent, n'était pas seulement une idée ingénieuse ; c'était aussi un instrument de guerre redoutable, surtout la première fois qu'il en était fait usage, avant que l'ennemi eût préparé aucun moyen d'en empêcher l'effet. La broche à laquelle étaient attachés les ingrédients incendiaires de ce brûlot, devait servir à fixer, par sa pointe supérieure, le feu sous le flanc du navire que le brûlot rencontrait.

Aujourd'hui l'on possède des moyens d'incendie qui agissent à de grandes distances, et l'on n'en connaît peut-être pas d'aussi efficaces à des distances rapprochées.

Nous devons faire remarquer que ce brûlot n'avait pas de mouvement propre occasionné par la

---

(1) Cette tradition se trouve exposée dans la *Biographie universelle* (tome VI, pag. 551, article Callinique). On y lit que des plongeurs attachaient ces feux à la quille des vaisseaux.

combustion, qu'il devait être dirigé par un nageur ou poussé par le vent vers l'objet que l'on voulait incendier.

Voici encore deux recettes de Marcus, d'après la traduction de M. Hoefer (1).

« Prenez : Huile de pétrole. . . . .     1 livre.
 « Moelle de couna ferula. .     6
 « Soufre. . . . . . . . . .     1
 « Graisse de bélier liquéfiée.     1
 « Huile de térébenthine....quantité indéterminée.

« On trempe dans ce mélange des flèches à quatre têtes qu'on lance allumées dans le camp de l'ennemi. L'eau qu'on y projetterait ne ferait qu'augmenter la flamme. »

### Feu grégeois.

« Le *feu grégeois* se fait de la manière suivante : prenez du soufre pur, du tartre, de la sarcocolle (espèce de résine), de la poix, du salpêtre fondu, de l'huile de pétrole et de l'huile de gemme. Faites bien bouillir tout cela ensemble. Trempez-y ensuite de l'étoupe, et mettez-y le feu. Ce feu ne peut être éteint qu'avec de l'urine, avec du vinaigre ou avec du sable. »

Nous reviendrons plus tard à Marcus, et nous expliquerons cette propriété qu'avaient, suivant lui,

---

(1) *Histoire de la Chimie,* p. 286. Voir le texte à l'Append., nᵒ C.

certaines compositions de ne pouvoir pas être
éteintes par l'eau. Il est bon, avant de traiter de
ce sujet, de discuter les textes relatifs à l'emploi du
feu grégeois chez les Grecs du Bas-Empire, afin de
voir s'il est possible de l'expliquer chez eux comme
chez les Arabes. Ces passages sont cités et traduits en
français dans l'*Essai sur le feu grégeois* de M. Ludovic
Lalanne (1); mais ce jeune savant plein de zèle n'a
pas eu connaissance de la traduction qui en avait été
donnée dans le siècle dernier par Joly de Maizeroy,
membre de l'académie des inscriptions et belles-lettres, qui avait aussi fait une dissertation sur le feu
grégeois. Les deux traductions étant en désaccord sur
des points essentiels, leurs auteurs ont été conduits
à des conséquences différentes que nous serons obligés de discuter, pour éclairer le plus possible cette
question.

Voici d'abord ces passages, d'après la traduction
de Maizeroy (2).

### Des combats sur mer.

« Vous mettrez sur le devant de la proue, un siphon couvert d'airain pour lancer des feux sur les
ennemis. Au-dessus du siphon on fera une plate-

---

(1) *Voy.* le tome I du *Recueil des Mémoires des savants étrangers*, publié par l'académie des inscriptions.

(2) *Institutions militaires* de l'empereur Léon le Philosophe, par
Joly de Maizeroy. Paris, 1778. Tome II, page 137.

forme de charpente, entourée d'un parapet et de madriers. On y placera des soldats pour combattre de là et lancer des traits.

« On élève aussi dans les grandes dromones des châteaux de bois sur le milieu du pont. Les soldats qu'on y met jettent dans les vaisseaux ennemis, de grosses pierres, ou des masses de fer pointues, par la chute desquelles ils brisent le navire, ou écrasent ceux qui se trouvent dessous ; ou bien ils jettent des feux pour le brûler.

..... (1) « Vous pouvez aussi vous ranger en ligne droite. Par cette disposition vous porterez la proue sur l'ennemi, pour brûler ses vaisseaux par les feux qu'y jetteront les siphons.

..... (2) « Nous tenons, tant des anciens que des modernes, divers expédients pour détruire les vaisseaux ennemis, ou nuire aux équipages. Tels sont ces feux préparés dans des siphons, d'où ils partent avec un bruit de tonnerre et une fumée enflammée qui va brûler les vaisseaux sur lesquels on les envoie.

..... (3) « Il faut préparer surtout des vases pleins de matière enflammée, qui, se brisant par leur chute, doivent mettre le feu au vaisseau. On se servira aussi de petits siphons à la main que les soldats portent

---

(1) Tome II, page 155.
(2) Tome II, page 159.
(3) Tome II, page 160.

derrière leurs boucliers, et que nous faisons fabriquer nous-mêmes : ils renferment un feu préparé qu'on lance au visage des ennemis..... On jette aussi avec un mangonneau, de la poix liquide et brûlante, ou quelque autre matière préparée.....

....... « Il y a plusieurs autres moyens qui ont été donnés par les anciens, sans compter ceux qu'on peut imaginer et qu'il serait trop long de rapporter ici. Il y en a même tels qu'il est à propos de ne pas divulguer, de peur que les ennemis, venant à les connaître, ne prennent des précautions pour s'en garantir, et ne s'en servent eux-mêmes contre nous. »

L'empereur Léon fait mention de l'emploi du feu dans les siéges, mais avec moins de détails que dans les combats sur mer, où cet emploi avait alors plus d'efficacité et d'importance.

On sait aujourd'hui que le mot grec σίφων, que Maizeroy traduit par *siphon*, signifie simplement *tube* ; en faisant cette substitution dans la traduction qui précède, elle ne présente plus rien qui ne soit facile à comprendre. Les grands tubes couverts d'airain contiennent une composition salpêtrée ; quand le feu est mis à cette composition, il en résulte un jet de flamme et de matières en combustion, qui peuvent embraser le vaisseau ennemi. Mais pour éviter le danger que ce jet de flamme fait courir au vaisseau qui le lance, il faut que le tube porte son ouverture en avant et hors du vaisseau, et aussi que des parcelles de feu ne

soient pas ramenées par un vent violent dans la direction opposée au jet de la flamme. Quant aux
petits tubes à main, ils pourraient être analogues
à la *massue de guerre pour asperger* des Arabes ou
à leurs *lances de guerre.*

Mais, ainsi que nous l'avons annoncé, la traduction
de Maizeroy, dans plusieurs endroits, n'est pas d'accord avec celle de M. Lalanne ; celui-ci arrive à ces
conclusions « 1° *que les grands tubes sont nos fusées
de guerre incendiaires* ; 2° que les *cheirosiphones*, qui
n'en diffèrent que par leur longueur, sont nos petites
fusées ordinaires ; 3° enfin que les pots pleins de feu
d'artifice ne sont autre chose que nos *boîtes d'artifice.* » Voici la traduction que M. Lalanne donne du
second paragraphe relatif aux grands tubes. « Il y a
encore beaucoup d'autres moyens de combattre,
trouvés, soit autrefois soit de nos jours, par les
hommes habiles dans l'art militaire. De ce nombre
est le feu d'artifice, qui se lance au moyen de tubes,
et qui *précédé de tonnerre et de fumée*, consume les
vaisseaux. (1) »

Pour lever toute difficulté, voici la traduction
littérale qu'a bien voulu nous donner le savant M.
Hase, dont personne ne contestera la haute autorité :

« De ce nombre est le feu inventé alors, qui, avec

---

(1) Voir le texte à l'Appendice, n° D, où l'on a réuni tous les
textes grecs dont il est fait mention dans l'ouvrage.

tonnerre et fumée, surgissant d'abord, est envoyé par des tubes et qui enfume (les navires ennemis). »

En adoptant même la traduction de M. Lalanne, qui ne diffère pas sensiblement des deux autres pour le sens, rien dans ce passage n'indique l'emploi de la fusée.

Le paragraphe relatif aux tubes à main est ainsi rendu par M. Lalanne :

« Qu'on se serve encore de ce feu d'une autre manière, au moyen de petits tubes qui se lancent à la main, et que les soldats auront derrière leurs boucliers. Ces petits tubes, préparés, précisément de notre règne, sont appelés *tubes de main*. Ils devront être remplis de feu d'artifice et lancés au visage des ennemis. »

Traduction littérale de M. Hase. « Se servir encore d'une autre manière, c'est-à-dire de petits tubes lancés à la main et qui sont tenus par les soldats derrière les boucliers de fer. »

D'après la traduction de M. Hase, d'accord en cela avec celle de M. Lalanne, ce n'est plus seulement la composition, c'est aussi le tube dans lequel elle est contenue, qui est lancé contre l'ennemi. Sans doute ce tube aurait pu après avoir été lancé, prolonger son mouvement par l'action des gaz développés dans la combustion ; Marcus, nous l'avons vu, connaissait cette propriété ; mais rien ici n'en indique l'emploi. Ce qui aurait rendu cet emploi peu efficace, c'est que le tube serait toujours arrivé par la partie antérieure qui n'aurait pas été en combustion ; d'ailleurs il aurait été facile à l'ennemi de s'en débarrasser.

On a vu que les Arabes parvinrent à éviter ces inconvénients, dans l'ingénieux projectile appelé *œuf*; mais rien dans le passage que nous examinons, ne prouve que les Grecs du temps de l'empereur Léon, fussent aussi avancés dans cet art.

Nous avons encore à discuter un passage de l'*Alexiade*, où Anne Comnène parle du feu grégeois.

L'empereur Alexis étant engagé dans une guerre contre les Pisans, avait fait mettre à la proue de ses vaisseaux, des têtes d'animaux sauvages qui semblaient vomir de leur gueule une matière enflammée. « Les barbares (1) (traduction de M. Lalanne) « furent épouvantés à cause du feu lancé, auquel ils n'étaient pas habitués, et qui, *par sa nature, s'élevant dans les airs*, retombait, tantôt en bas, tantôt de côté, là où le voulait celui qui le dirigeait. »

M. Lalanne a voulu dire par les mots soulignés dans sa traduction, que c'était la fusée qui s'élevait d'elle-même dans les airs; voici au contraire comment Maizeroy avait rendu ce passage (2) :

« Ce qui répandait principalement la terreur parmi les Pisans, était le feu lancé, dont ils ne connaissaient, ni l'usage, ni la nature; car au lieu que

---

(1) Voir le texte à l'Appendice, n° D.
(2) *Institutions militaires de l'empereur Léon*, tome II, p. 287.

le feu connu se porte toujours vers le ciel, dès qu'il a pris son essor, ils voyaient celui-ci s'étendre de toutes parts, portant sa flamme en bas et sur les côtés de même qu'en haut, et suivant aisément la direction de la force qui le lançait. »

Traduction littérale de M. Hase. « Car ils n'étaient pas accoutumés à un feu, lequel par sa nature se porte en haut, mais qui (dans cette circonstance) était lancé sur les objets comme le voulait celui qui le faisait partir, souvent en bas et de chaque côté. »

La traduction de M. Hase se rapproche beaucoup de celle de Maizeroy, et s'éloigne entièrement du sens adopté par M. Lalanne.

Anne Comnène fait seulement allusion à la propriété de la composition renfermée dans les tubes, de produire une flamme qui pouvait être dirigée dans tous les sens, même de haut en bas, au lieu de se diriger de bas en haut, comme le fait la flamme habituellement. La combustion produisant une flamme qui peut être dirigée dans tous les sens, est aujourd'hui un phénomène tellement connu qu'il n'étonne plus personne ; mais cet exemple nous montre combien l'on doit faire abstraction de ses idées et des connaissances actuelles, quand on veut rechercher les causes des impressions qu'éprouvaient les hommes des siècles passés.

Le texte d'Anne Comnène paraît indiquer que le tube qui servait à lancer la flamme, n'était pas fixe, comme cela avait eu peut-être lieu pour les grands tubes de l'empereur Léon ; mais que derrière les têtes d'animaux étaient placés des tubes qui pouvaient varier de direction et d'inclinaison.

C'est ici le lieu de faire remarquer que le mot *fusée* a aujourd'hui deux acceptions, et que les *fusées volantes* ne constituaient pas exclusivement le feu grégeois, comme M. Lalanne l'a cru ; les Grecs se servaient surtout de la propriété fusante, telle qu'elle est employée dans nos *fusées* de bombes ou d'obus.

Luitprand rapporte que l'empereur Romain, dans une expédition contre les Russes, fit placer des machines propres à lancer le feu grégeois, non-seulement à la proue, suivant la coutume, mais encore à la poupe et sur les deux côtés du navire. Les Russes effrayés *à l'aspect de ce feu magique* (1), se précipitèrent dans la mer pour échapper à son atteinte.

Pour comprendre tous les effets produits par le feu grégeois dans la guerre maritime, il ne faut pas perdre de vue qu'à cette époque les navires ne pouvaient se nuire que de fort près, et que les combattants en venaient tout de suite à l'abordage.

La préparation de ce feu qui avait fait remporter aux Grecs tant de victoires navales, fut mise au rang des secrets d'État, comme le prouve un passage du traité de Constantin Porphyrogénète sur l'administration de l'empire. L'empereur s'adresse à son fils (2):

---

(1) Voir le texte à l'Appendice, n° E.

(2) Voir le texte à l'Appendice, n° D. — La traduction est empruntée au Mémoire de M. Lalanne.

« Tu dois par-dessus toutes choses porter tes soins
et ton attention sur le feu liquide qui se lance
au moyen de tubes ; et si on ose te le demander
comme on l'a fait souvent à nous-mêmes, tu dois
repousser et rejeter cette prière en répondant que
ce feu a été montré et révélé par un ange au grand
et saint premier empereur chrétien Constantin (1).
Par ce message et par l'ange lui-même, il lui fut
enjoint, selon le témoignage authentique de nos
pères et de nos ancêtres, de ne préparer ce feu que
pour les seuls chrétiens, dans la seule ville impé-
riale, et jamais ailleurs ; de ne le transmettre et de
ne l'enseigner jamais à aucune autre nation, quelle
qu'elle fût. Le grand empereur alors, pour se pré-
cautionner contre ses succeseurs, fit graver sur la
sainte table de l'église de Dieu, des imprécations
contre celui qui oserait le communiquer à un
peuple étranger. Il prescrivit que le traître fût regardé comme indigne du nom de chrétien, de toute
charge et de tout honneur ; que s'il avait quelque
dignité, il en fût dépouillé. Il déclara anathème
dans les siècles des siècles, il déclara infâme, n'im-
porte quel il fût, empereur, patriarche, prince ou
sujet, celui qui aurait essayé de violer une telle loi.
Il ordonna en outre à tous les hommes ayant la
crainte et l'amour de Dieu, de traiter le prévarica-

---

(1) Dans le chapitre XLVIII du même Traité, l'empereur attribue
comme les autres historiens, l'invention du feu grégeois à Callinique.

teur comme un ennemi public, de le condamner et de le livrer à un supplice vengeur. Pourtant il arriva, le crime se glissant partout, que l'un de nos grands, gagné par d'immenses présents, communiqua ce feu à un étranger ; mais Dieu ne put supporter de voir un pareil forfait impuni, et un jour que le coupable était près d'entrer dans la sainte église du Seigneur, une flamme descendue du ciel l'enveloppa et le dévora. Tous les esprits furent saisis de terreur, et nul n'osa désormais, quel que fût son rang, projeter un pareil crime, et encore moins le mettre à exécution. »

Il n'y a rien de fort extraordinaire à ce qu'un secret de cette importance soit resté inconnu aux nations chrétiennes tant que les Grecs restèrent les maîtres de Constantinople; mais cette ville, prise en 1204 par les français unis aux Vénitiens, demeura pendant cinquante-sept années sous la domination de princes français. Cet art disparut-il alors de l'Europe pour passer en Afrique, où les Arabes le portèrent au point où nous l'avons trouvé ? Comment et où s'effectua la transition du feu grégeois à la poudre à canon ? Voilà les questions qui nous restent à traiter.

Quelques passages tirés des OEuvres d'Albert le Grand et de Roger Bacon ont fait penser à beaucoup d'écrivains que l'un de ces deux hommes célèbres était l'inventeur de la poudre à canon ; nous devons donc examiner attentivement leurs ouvrages.

# CHAPITRE IV.

NOTIONS D'ALBERT LE GRAND, DE ROGER BACON ET DES ALCHI-MISTES DE L'OCCIDENT, SUR LES COMPOSITIONS INCENDIAIRES ET LA POUDRE A CANON.

Né en 1193 (1), Albert le Grand est, à ce que l'on croit, mort en 1280, à l'âge de quatre-vingt-sept ans. On lit dans son traité *de Mirabilibus mundi* : « *Ignis volans :* Accipe libram unam sulphuris, libras duas carbonum salicis, libras sex salis petrosi ; quæ tria subtilissime terantur in lapide marmoreo ; — postea aliquid posteriùs ad libitum in tunicâ de papyro volanti vel tonitruum faciente ponatur.

« Tunica ad volandum debet esse longa, gracilis, pulvere illo optimo plena ; ad faciendum vero tonitruum, brevis, grossa et semiplena.

(1) Hoefer, *Histoire de la Chimie*, tome I, page 358. *Biographie universelle*, tome I, page 420.

8

Cette recette, qui est évidemment un résumé du passage de Marcus que nous avons cité, a donné lieu à de nombreuses controverses. Les uns en ont conclu qu'Albert le Grand était l'inventeur de la poudre à canon, les autres que le traité *de Mirabilibus* était faussement attribué à cet écrivain. D'après ce qui a été dit, la connaissance de cette recette ayant dû précéder de beaucoup celle de la poudre à canon, aucune de ces conclusions n'est admissible. — Le traité *de Mirabilibus* contient sept paragraphes qui se retrouvent presque littéralement dans le traité de Marcus. Nul doute par conséquent que son auteur n'ait connu le *liber Ignium*, et il ne reste plus aucune raison de nier qu'Albert le Grand soit cet auteur.

Il est fait plusieurs fois mention du nitre dans les ouvrages de chimie d'Albert le Grand, et entre autres dans le *Compositum de compositis* (1); Albert emploie le nitre dans une préparation qui paraît être celle de l'acide nitrique ; mais comme il ne donne aucun procédé pour la préparation ou la purification du salpêtre, on en peut conclure qu'il n'est pas l'inventeur de la poudre à canon, et qu'il n'a pas même fait faire un pas à l'art qui devait y conduire.

Les titres que peut avoir à cette découverte Roger

---

(1) *Theatrum chemicum*, tome IV page 937.

Bacon, qui naquit en 1214 et mourut vers 1292, ont paru beaucoup plus fondés à un grand nombre d'écrivains ; pour les discuter , il est nécessaire d'entrer dans quelques détails et de citer les paragraphes des ouvrages de Roger Bacon qui précèdent les passages où il semble être question de la poudre à canon.

On lit dans l'ouvrage ayant pour titre *Epistolæ fratris Rogerü Baconis de Secretis operibus artis et naturæ et de nullitate magiæ.*

**CAPUT IV (1).** — *De instrumentis artificiosis mirabilibus.*

« Narrabo igitur nunc primò opera artis et naturæ miranda, ut postea causas et modos eorum assignem : in quibus nihil magicum est. Ut videatur quòd omnis potestas magica sit inferior his operibus et indigna. Et primò per figurationem solius artis. Nam instrumenta navigandi possunt fieri hominibus remigantibus, ut naves maximæ fluviales et marinæ ferantur unico homine regente, majori velocitate quàm si essent plenæ hominibus navigantibus. Currus etiam possent fieri ut sine animali moveantur cum impetu inæstimabili, ut existimantur currus falcati fuisse quibus antiquitùs pugnabatur. Possunt etiam fieri instrumenta vo-

---

(1) *Theatrum chemicum,* tome V, page 937.

landi, ut homo sedens in medio instrumenti revolvens aliquod ingenium, per quod alæ artificialiter compositæ aerem verberent, ad modum avis volantis. Fieri etiam potest instrumentum parvum in quantitate ad elevandum et deprimendum pondera quasi infinita, quo nihil utilius est in casu. Nàm per instrumentum altitudinis trium digitorum, et latitudinis eorum, et minoris quantitatis, posset homo se ipsum et socios ab omni periculo carceris eripere, et elevare, et descendere. Potest etiam de facili fieri instrumentum quo unus homo traheret ad se mille homines per violentiam ipsis invitis ; et sic de rebus aliis attrahendis. Possunt etiam fieri instrumenta ambulandi in mari, et in fluviis ad fundum sine periculo corporali. Nam Alexander Magnus his usus est, ut secreta maris videret, secundum quod Ethicus narrat astronomus. Hæc autem facta sunt antiquitùs et nostris temporibus ; et certum est præter instrumentum volandi quod non vidi, nec hominem qui vidisset cognovi, sed sapientem qui hoc artificium excogitavit explicitè cognosco. Et infinita alia possunt fieri, ut pontes ultrà flumina sine columnâ, vel aliquo sustentaculo, et machinæ, et ingenia inaudita. »

CAPUT V.—*De experientiis perspectivis artificialibus.*

« Sed profecto mirandæ satis inveniuntur figurationes physicæ radiorum. Nam sic possunt figu-

rari perspicua et specula, ut unum appareat multa,
et unus homo exercitus ; et ut plures et quot volumus soles et lunæ appareant. Nam natura sic ali-
quandò figurat vapores, ut duo soles, et duæ lunæ,
et aquando tres soles apparuerint simul in aere, ut
Plinius recitat in 2 naturalis Historiæ. Et quâ
ratione plures et infinitæ potest una res apparere :
quià postquàm excedit suam virtutem, nullus est
ei numerus determinatus sicut arguit Aristoteles in
capite *de Vacuo.* Et sic omni civitati, et exercitui
contrario, possunt fieri terrores maximi : ut vel
propter multitudinem apparitionum stellarum,
vel hominum super ipsos congregatorum dispereant,
præcipuè si sequens documentum cum illo primo
habeatur. Possunt enim sic figurari perspicua ut
longissimè posita appareant propinquissima et è
contrario............. Possunt etiam sic figurari
corpora, ut species et influenciæ venenosæ et infec-
tivæ ducerentur quo vellet homo : nam sic Aristoteles fertur docuisse Alexandrum, quo documento
venenum basilisci erecti super murum civitatis
contra exercitum, deduxit in ipsam civitatem.
Possunt etiam sic figurari perspicua, ut omnia
homo ingrediens domum, videret veraciter aurum,
et argentum, et lapides pretiosos, et quicquid
homo vellet; quicunque festinaret ad visionis locum
nihil inveniret. Non igitur oportet nos uti magicis
illusionibus, quùm potestas philosophiæ doceat
operari quod sufficit......... « Hæc igitur sufficiant

*pro* exemplo figurationum, quamvis infinita alia miranda proponi possent in medium. »

Ces passages montrent comment Bacon, pour établir la nullité de la magie, au lieu de nier, comme nous le ferions aujourd'hui, les phénomènes merveilleux qui lui sont attribués, réunit les faits les plus étonnants, emploie son hardi génie à les étendre, à les généraliser, et déclare qu'ils sont vrais, qu'ils sont produits par l'art humain, et que la magie ne peut rien faire de plus puissant, ni de plus surprenant.

Pour comprendre comment un grand esprit, tel que Roger Bacon, a pu arriver à croire à des choses que nous jugeons aujourd'hui impossibles, il faut se reporter par la pensée à ces époques reculées où les sciences expérimentales, entourées de ténèbres profondes n'avaient pour se guider aucun des principes qui nous éclairent aujourd'hui. Que devait-il en résulter? un phénomène d'optique présentait à la vue d'un observateur l'apparence de deux soleils; quand il était parvenu à distinguer l'apparence de la réalité et à reconnaître qu'il n'en existait réellement qu'un, il signalait la découverte qu'il venait de faire, et cherchait à reproduire ce phénomène. Y réussissait-il ? lui-même ou un autre philosophe devait penser qu'il n'y avait pas de raison pour s'arrêter à deux images, qu'on devait pouvoir en produire un plus grand nombre ; il y parvenait peut-être ; et l'esprit humain s'efforçant d'appliquer à l'art de la guerre cette nouvelle découverte, croyait possible d'effrayer toute une armée, en lui faisant voir une multitude d'ennemis qui n'existaient pas. D'un travail logique de l'esprit humain sur des phénomènes produits par l'art ou la nature, devaient résulter, surtout chez les esprits hardis, des conséquences qui n'étaient bornées par aucune limite.

Aux époques reculées dont nous parlons, une expérience qui avait donné un résultat, ne pouvait pas toujours être reproduite, celui qui l'avait faite ignorant à quelle circonstance il en devait la réussite. Si les savants d'alors n'avaient eu foi que dans les résultats obtenus par eux-mêmes, l'humanité aurait pu tourner toujours dans le même cercle, sans avancer d'un pas ; le philosophe , celui qui se livrait à l'étude des phénomènes produits par l'art ou la nature, avait besoin de croire aux résultats obtenus par les savants de son temps ou des temps antérieurs. Quand les faits observés pour ainsi dire par chacun en particulier, ont été assez nombreux, l'esprit humain a pu déduire pour un grand nombre de cas, chacune des lois qui régissent les phénomènes de même nature ; la reproduction de ces phénomènes est devenue facile, et chacun n'a plus voulu croire qu'à ceux qu'il voyait de ses yeux; rien cependant ne nous assure que dans une période ultérieure, le savant ne sera pas obligé encore à croire des faits qu'il ne pourra pas voir ou reproduire ; rien même ne prouve que ces phénomènes merveilleux auxquels croyait le génie de Bacon, soient à tout jamais impossibles. Cherchons donc à comprendre les causes des erreurs des hommes d'un autre âge sans les condamner dédaigneusement. Cette longue digression, en apparence étrangère au sujet, était nécessaire pour faire comprendre le véritable sens des passages suivants.

CAPUT VI. — *De experimentis mirabilibus.*

« His verò sunt quædam annexa sine figurationibus. Nam in omnem distantiam quam volumus artificialiter componere ignem comburentem ex sale petræ et aliis. Item ex oleo petroleo et aliis. Item ex maltha et naphtâ et similibus, secundum quod Plinius dicit in libro secundo capit. 104, civitatem quandam se defendisse contra exercitum romanum: nam maltha projecta combussit militem armatum. His vicinus est ignis græcus, et multa comburentia. Præterea possunt fieri lumina perpetua et balnea ardentia sine fine. Nam multa cognovimus quæ non consumuntur in flammâ, ut pelles Salamandræ, talk, et hujus modi quæ adjuncto aliquo inflammantur et lucent, sed non comburuntur imò purificantur. »

Remarquons d'abord que le passage « Nam in omnem distantiam quam volumus artificialiter componere ignem comburentem ex sale petræ et aliis. Item ex oleo petroleo et aliis » semble annoncer que Bacon connaissait les compositions décrites par Marcus ; plus loin Bacon ajoute : « His est vicinus ignis græcus et multa comburéntia. » Ces

expressions rendent encore plus vraisemblable que
Bacon connaissait l'ouvrage de Marcus, dans lequel
on lit : *Ignis græcus et multa comburentia.*

Quant aux *lumina perpetua et balnea comburentia sine fine*, on trouve encore dans Marcus des
recettes telles que *candela quæ, si semel accensa
fuerit, amplius non extinguetur ; alia candela quæ
continuum præstat incendium ; alia quæ semel
accensa diuturnum præstat incendium sive lumen.*
Tout cela concourt à faire croire que Bacon connaissait le traité de Marcus.

Il est bon de remarquer comment l'observation de
ce fait vrai, que certaines substances placées au milieu de la flamme, la rendent plus brillante, sans en
être altérées, conduisait naturellement les esprits
réfléchis comme celui de Roger Bacon, à l'idée erro-
née de la possibilité de produire une lumière qui
dure toujours.

Revenons au texte de Bacon.

« Præter verò hæc sunt alia stupenda naturæ.
Nam soni velut tonitrus et coruscationes possunt
fieri in aere ; imò majore horrore quam illa quæ
fiunt per naturam. Nam modica materia adaptata,
scilicet ad quantitatem unius pollicis, sonum facit
horribilem et coruscationem ostendit vehementem.
Et hoc fit multis modis ; quibus civitas, aut exercitus destruatur ad modum artificii Gedeonis, qui
lagunculis fractis, et lampadibus, igne exsiliente
cum fragore inæstimabili, infinitum Midianitarum
destruxit exercitum cum ducentis hominibus. Mira

sunt hæc, si quis sciret uti ad plenum in debitâ quantitate et materia...........»

Ce passage indique bien positivement la connaissance d'un bruit très fort produit par une quantité de matière de la grosseur du pouce; avec cette hardiesse de pensée qu'on a déjà remarquée, Bacon imagine qu'il doit être possible d'augmenter prodigieusement cet effet et de produire la destruction d'une ville ou d'une armée; il explique ainsi la destruction de l'armée des Madianites par Gédéon. Ici Bacon ne dit pas quelle était cette matière explosive de la grosseur du pouce ; mais il nous l'apprendra bientôt.

**CAPUT VII.** — *De retardatione senectutis, et de prolongatione vitæ humanæ.*

« Sed ultimus gradus in quem potest artis complementum, cum omni naturæ potestate, est prolongatio vitæ humanæ in magnum tempus. Quod autem hoc sit possibile, multa experimenta docuerunt. Nam Plinius recitat, Pollionem strenuum corpore et animo ultrà ætatem hominis consuetam durasse in suâ probitate ; quem quum Octavius Augustus interrogaret quid faceret ut diù sic viveret : respondit in ænigmate quod oleum posuit exterius, et mulsum interius. (Mulsum habet octo partes aquæ et novem mellis secundum auctores.........) »

En voyant ainsi Bacon admettre comme possibles à l'art des effets merveilleux de toute espèce, on ne peut s'empêcher de penser qu'un écrit comme le sien était un bien mauvais moyen de défense auprès des gens qui étaient disposés à le soupçonner lui-même de magie, et l'on s'étonne moins de la longue captivité qu'il eut à souffrir.

A la fin du chapitre VII on trouve la citation de ce beau précepte d'Aristote, qui sera éternellement vrai : « Multa etiam modò ignorant sapientes quæ vulgus studentium sciet in temporibus futuris. »

CAPUT VIII. — *De occultando secreta naturæ.*

Après avoir dit qu'il faut cacher la science au vulgaire, Bacon ajoute : « Sed causa hujus (1) latentiæ vulgi fuit apud omnes sapientes, quia vulgus deridet sapientes, et (negligit) secreta sapientiæ, et nescit uti rebus dignissimis : atque si aliquod magnificum cadat in ejus notitiam à fortunâ, illud pervertit, et eo abutitur in damnum multiplex personarum atque communitatis..... »

Bacon joignant l'exemple au précepte, donne ensuite dans le langage symbolique du temps, quelques préparations chimiques, parmi lesquelles on remarque la suivante « Sed tamen salis petræ *luru vopo vir can utri et* sulphuris ; et sic facies tonitrum et coruscationem, si scias artificium. Videas tamen utrum loquar in ænigmate vel secundum veritatem. »

---

(1) *Theatrum chemicum*, tome V, page 962.

Bacon qui avait conçu l'idée d'appliquer à la guerre la propriété explosive de cette composition, l'a déguisée si soigneusement que, malgré beaucoup d'efforts, personne jusqu'à présent ne paraît être parvenu à retrouver le sens déguisé. Ce qui peut au reste provenir de ce que par des copies successives, quelques lettres se seront trouvées changées. Quoi qu'il en soit les deux substances connues sont le salpêtre et le soufre qui entrent également dans les deux compositions données par Marcus pour le feu volant; il y a donc encore là une probabilité de plus que Bacon a connu son ouvrage. Mais rien ne prouve qu'il ait fait faire un progrès à l'art de fabriquer la poudre, ni que l'idée d'appliquer à la guerre sa propriété explosive fût praticable au moment où il l'énonçait.

Il nous reste à examiner un autre ouvrage de Bacon, l'*Opus Majus*, où il a parlé du même sujet. — « Capitulum de tertia prærogativa vel dignitate artis experimentalis.

.... (1) « Quædam verò solo tactu immutant et sic tollunt vitam. Nam Malta, quæ est genus bituminis et est in magnâ copiâ in hoc mundo, projecta super hominem armatum comburit eum. Istud autem Romani gravi cæde perpessi sunt in

---

(1) Fratris Rogerii *Opus Majus*, Londres, 1733. Page 474.

expugnationibus regionum, sicut Plinius testatur
2° naturalis Historiæ, et Historiæ certificant. Simi-
liter oleum citrinum petroleum, id est, oriens ex
petra, comburit quidquid occurrit, si rite præ-
paretur. Nam ignis comburens fit ex eo qui cum
difficultate potest extingui, nam aqua non extin-
guit. Quædam verò auditum perturbant in tantum, quod si subito et de nocte et artificio suf-
ficienti fierent, nec posset civitas nec exercitus
sustinere. Nullus tonitrui fragor posset talibus
comparari. Quædam tantum terrorem visui in-
cutiunt, quod coruscationes nubium longe minus
et sine comparatione perturbant ; quibus operibus Gideon in castris Midianitarum consimilia
æstimatur fuisse operatus. Et experimentum hujus
rei capimus ex hoc ludicro puerili, quod fit in
multis mundi partibus, scilicet ut instrumento
facto ad quantitatem pollicis humani ex violen-
tia illius salis qui sal petræ vocatur, tam horri-
bilis sonus nascitur in rupturà tam modicæ rei,
scilicet modici pergameni, quod fortis tonitrui sen-
tiatur excedere rugitum, et coruscationem maximam sui luminis jubar excedit. »

Bacon nous apprend dans ce passage qu'il existait de son temps un jouet d'enfant, connu dans
beaucoup de pays, qui, par la force d'une petite
quantité de salpêtre, produisait un bruit et un
éclair. Cela ne s'accorde-t-il pas parfaitement
avec tout ce qu'on a vu jusqu'à présent ? Le
pétard décrit par Marcus, était devenu un jouet

pour amuser les enfants, à peu près comme de notre temps certaines compositions fulminantes ont été employées dans les *bonbons cosaques*, avant même qu'on eût trouvé à les utiliser à la guerre, où elles n'ont encore aujourd'hui qu'une application de peu d'étendue. C'était ce bruit que Bacon voulait faire servir dans les opérations militaires, pour effrayer l'ennemi. Cela explique comment, dans l'ouvrage de Hassan Alrammah, l'on ne trouve aucune mention précise de l'explosion, mais seulement des allusions à ce phénomène qui était trop connu pour qu'il fût nécessaire d'en parler.

Continuons les citations de Bacon ; nous avons encore quelques conséquences à en tirer.

....... « Hæc enim et his similia debent hominem movere et ad receptionem divinarum veritatum excitare. Quoniam si in vilissimis creaturis reperiuntur veritates, quibus oportet subdi superbiam interius humanam, ut credat eas licet non intelligat, aut injuriabitur veritati infallibili, quanto magis debet homo humiliare mentem suam veritatibus dei gloriosis. Certe non est comparatio. Est autem alius modus utilissimus, quantum ad hanc, ut dixi, scientiam pertinet judicare quid potest fieri per naturam aut per artis industriam, et quid non ; et novit illa separare magicas illusiones, et deprehendere omnes earum errores in carminibus et in sacrificiis et culturis....... Est tamen considerandum, quod licet aliæ scientiæ multa mirabilia faciant, ut geometria practica facit specula comburentia omne contumax, et sic de aliis..... Et jam ex istis scientiis tribus patet mirabilis utilitas in hoc mundo pro Ecclesia Dei contra inimicos fidei, destruendos magis per opera sapientiæ, quam per arma bellica pugnatorum...... Sed nunc affero unum pro omnibus de Alexandro Magno...... Aristoteles extitit principalis ; et facile patet per prædicta quomodo per vias sapientiæ potuit Aristoteles mundum tradere Alexandro ; et hoc deberet Ecclesia considerare contra infideles et rebelles, ut parcatur sanguini christiano, et maximè propter futura pericula in temporibus antichristi, quibus cum Dei gratiâ facilè esset obviare, si prælati et principes studium promoverent, et secreta naturæ et artis indagarent. »

Ce passage, joint à ceux que nous avons déjà cités, montre clairement que, si les chrétiens du temps de Bacon n'employaient pas à la guerre les compositions incendiaires, ce n'est pas parce qu'elles étaient absolument inconnues aux savants, mais parce que l'opinion de l'Église, qui représentait et dirigeait l'opinion générale, repoussait comme illégitimes des inventions attribuées à la magie. On ne sera plus étonné maintenant de la profonde terreur dont saint Louis et ses chevaliers furent saisis, à l'aspect du feu grégeois, puisqu'ils le regardaient comme surnaturel et qu'ils croyaient avoir à repousser des armes fournies à leurs adversaires par un pouvoir infernal.

Une pensée d'humanité mal comprise venait aussi en aide à ce préjugé. Déjà, dans le siècle précédent, le second concile général de Latran, dont la décision faisait loi dans toute la chrétienté, avait défendu l'emploi des machines de guerre contre les hommes, parcequ'elles étaient trop meurtrières.

Cette opinion fausse, qu'on rend service à l'humanité, en étouffant les nouveaux moyens de guerre, s'est reproduite à toutes les époques, bien que l'expérience ait depuis longtemps montré que le résultat des progrès de cet art était loin d'être funeste. Le courage des hommes n'augmente pas, à mesure que les instruments de guerre deviennent plus puissants, et les combattants ne s'exposent qu'à un certain danger; ce qui fait qu'à mesure que la portée des armes devient plus grande, les combats se décident de plus loin, sans que le nombre des morts et des blessés soit plus considérable. Celui qui invente ou perfectionne un moyen de guerre, n'est point un fléau pour l'humanité; au contraire il lui rend service; car il assure l'avantage à la science sur l'ignorance, à la civilisation sur la barbarie.

Bacon n'est donc pas l'inventeur de la composition de la poudre à canon; il n'a pas donné l'idée de son application, du moins telle qu'elle a été faite; il ne l'a pas non plus perfectionnée; car on ne trouve dans ses écrits aucun procédé pour la préparation ou la purification du salpêtre.

Nous avons déjà dit qu'au commencement du

dix-septième siècle, on avait réuni dans un recueil appelé *Theatrum chemicum*, tous les ouvrages de chimie laissés par le moyen âge. On ignore pour la plupart de ces traités, l'époque où ils ont été écrits : ils donnent néanmoins des renseignements utiles sur l'emploi et la fabrication du salpêtre chez les nations de l'Europe.

Dans l'ouvrage « *de Vera præparatione et usu medicamentorum chemicorum, tractatus varii* »¹, par Bernard, G. Penoti etc... : on lit que le nitre était souvent employé en médecine. La préparation se faisait ainsi :

*Præparatio nitri* (1).

« Apponitur nitrum soli, in amplâ patinâ, vel alio vase plumbeo, donec albescat, deinde redigitur in pulverem album, et hoc modo præparatum acquirit plus subtilitatis; vocari potest aphron nitron purificatum.

« Vel calcinatur igni vehementi, donec albescat, et gummositas ita diminuetur valde, et majorem habebit calorem et subtilitatem in operando. »

Voici d'autres préparations décrites dans différents traités du même recueil.

(2) « Nota quod sal petræ et sal nitri sunt

***

(1) *Theatrum chemicum.*—Argentorat, 1613. Tome I, page 694.
(2) *Theatrum chemicum*, tome III, page 186. Liber magistri Joannis de Rupescissa, de Confectione veri lapidis philosophorum.

unum et idem : tantum differunt, quòd sal nitri est sal petræ præparatum et purgatum a sale quem habet : et ita præparatum invenitur copiosè in a-pothecis. Præparatur autem sic : Contunditur, et in aquâ communi bullitur aliquotiens, ultimo bullitur, et fervens in vas projicitur ligneum, quod vas habet multos erectos stipites, quibus in bulli-one adhæret prædictum sal petræ : quibus frige-factis colligitur : et tunc sal nitri vocatur. »

### *Nitri separatio* (1).

« Tre ipsum fortiter cum aquâ salis communis bis vel ter, et tunc ablue ipsum cum aquâ dulci donec sapor salis omninò recedat : posteà funde ipsum, et erit optime separatum.

« Additiones. Regimen salis nitri : Accipe de eo, ablue in aceto acerrimo mali granati duabus vici-bus, et sicca ad solem. Deinde solve in duplo sui de aquâ putei, et cola et dimitte in fimo per diem unum ad magis subtiliandum, deinde cola et con-gela in cinere in cucurbitâ habente tria foramina ad modum unius digiti, deinde solve sub fimo in ampullâ, postea destilla semel et reconde a-quam perfectam. »

---

(1) *Theatrum chemicum*, tome III, page 68.— *Aristoteles, de Perfecto magisterio.*

### Nitri præparatio (1).

« Accipe de eo præparato quantum vis, et funde ipsum, et extingue septies in aquâ salis communis præparati, et tunc contere ipsum et ablue a sale cum aquâ dulci : postea sicca ipsum et pondera et adjunge ei medietatem seu de plumbo præparato, et funde insimul, et iterum tere : et tunc adde ei æqualiter pondus sui de mercurio optime separato, et contere simul rorando cum aquâ salis communis præparati, et assando in furno panis per noctem ; et tunc sublima fugitivum ab eo toties donec totus in fundo vasis cum eo remaneat : tunc ablue inde salem cum eo aceto destillato, quo facto sicca totum illud peroptime, et cera cum aquâ vitæ, et solve in furno : et fac postmodum de eo per omnia ut dicam in præparatione auri, id est destilla per alembicum et congela, et cera cum oleo philosophico, et erit optime præparatum. »

Voici la définition du nitre, empruntée à un autre traité (2) :

« Nitrum est verè sal quod liquefit in aquâ et est ignis, quem si dimitis non liquefit ; si vero liquefacere conaris liquefit, et ipsa coinquina-

---

(1) *Theatrum chemicum*, page 76.
(2) *Ibidem*, tome V, page 77.—Turba philosophorum.

tionem mundificat, et omne corpus abluit, et continet. »

Cette définition correspond à toutes les propriétés que Marcus accordait au salpêtre ; elle indique clairement la préparation qu'il en a donnée. Les autres préparations que nous avons rapportées, montrent que l'art de la purification du salpêtre suivait, à partir du point où Marcus l'avait laissé, deux voies tout à fait différentes chez les Arabes et chez les nations chrétiennes de l'Occident, et que les perfectionnements des uns restaient inconnus aux autres. Les Arabes travaillaient à changer en nitrate de potasse les nitrates qui se trouvent mélangés avec lui ; les chimistes de l'Occident travaillaient à débarrasser le salpêtre du sel marin qu'il contient.

Maintenant qu'il a été démontré que ce n'est point parmi les philosophes du moyen âge qui nous ont laissé des ouvrages de chimie, que se trouve le véritable inventeur de la poudre à canon, celui qui est parvenu à en faire une force de projection, il nous reste à faire la même recherche dans les ouvrages spéciaux qui traitent de la pyrotechnie ou des armes à feu.

# CHAPITRE V.

DE LA TRANSITION DES COMPOSITIONS INCENDIAIRES A LA POUDRE A CANON, ET DE L'ORIGINE DES MOTS BOMBARDE, CANON ET BASTON A FEU.

———————

Dans un ouvrage ayant pour titre « *Livre de Canonnerie et artifice de feu*, imprimé à Paris en 1561, sans nom d'auteur, chez Vincent Sertenas, se trouve au folio 39 un nouveau titre ainsi conçu : *Petit traité contenant plusieurs artifices de feu, très utile pour l'estat de canonnerie, recueilly d'un vieil livre escrit à la main, et nouvellement mis en lumière*. C'est cette partie de l'ouvrage, dont personne n'a jusqu'à présent parlé, qui vient éclairer d'une lumière nouvelle l'histoire des feux de guerre, du feu grégeois et de la poudre à canon.

Cette partie du livre est elle-même la collection de trois ou quatre petits traités qui parlent du même sujet, la fabrication du salpêtre, de la poudre et des artifices, et la manière d'en faire usage. Ces petits traités ont été certainement écrits par des auteurs différents ; malheureusement il ne s'y trouve rien qui puisse nous faire connaître les noms des auteurs, ni les époques ou les pays qui ont été témoins de leurs travaux. Toutefois il sera facile de montrer que ces travaux se rattachent aux connaissances mises au jour par Marcus, dont le traité a servi de base aux recherches faites après lui.

Voici une recette donnée, folio, **68.** — Chapitre **82.**

*La manière de composer un feu fort et aspre, qui bruslera tout ce qu'il attaindra.*

« Prenez albartam, souffre, et moyeux d'œufz
« bouïlliz et durs, et toutes ces matieres en poix
« egal, lesquelles choses pestrissez ensemble en
« une poisle tellement qu'elles soyent bien mix-
« tionnées, et les mettez dedans une vessie de
« bœuf tout bellement, laquelle soit oingte
« d'huile, puis l'estouppez bien de cire blan-
« che ou rouge, et quand vous vouldrez que le
« feu face son operation, mettez la dessusdicte
« mixtion et matiere en quelque lieu, et elle
« s'allumera du vent, et le feu qui sortira d'i-
« celle bruslera tout ce qu'il attaindra. »

On lit dans le livre de Marcus (1) : « Sequitur

_____

(1) Page 2.

alia species ignis, cum quâ si prius ignem subicias hostiles domus vicinas. »

« *Re.* Alkitran (goudron), boni olei ovorum, sulfuris quod leviter frangitur, ana 1/2 1; quæ quidem omnia commisceantur pista et ad prunas appone. Cum autem commixti ad collectionem totius confectionis quartam partem ceræ novæ adicies, ut in modum cataplasmatis convertatur. Cum autem operari volueris, vesicam bovis vento repletam accipies, et foramen in eâ faciens, cerâ suppositâ ipsam obturabis. Væsicâ tamen præscriptâ sæpissimè oleo perunctâ, cum ligno marubii, quod ad hoc invenitur aptius, accenso ac semel imposito foramen operies; ea enim accensa, et à filtro quo involuta fuerit extracta, in ventosâ de nocte sub lecto vel tecto inimici tui subponatur; quòcumque enim ventus eam sufflaverit, quicquid propinquum fuerit, comburetur, et si aqua projecta fuerit, letales procreabit flammas. »

(Traité d'artifices, folio 69, verso.—Chapitre 86.)

*La manière de faire un autre feu tres mauvais, de quoy le grand Alexandre brusla la terre des Samaritains.*

« Prenez basme une livre, tourmentine une
« livre, huille d'œufz durs une livre, souffre
« xxii livres, lesquelles drogues ou mixtions trou-
« verez chez les appoticaires, chaux vive cinq
« livres, toutes lesquelles matieres broyez, et

« meslez ensemble avecques huille de lin, et en
« faictes une commixtion, desquelles matieres oi-
« gnez ce que vous vouldrez, et le laissez à des-
« couvert, et la première pluye qui cherra des-
« sus elle s'alumera, et le feu qui en sortira
« bruslera entièrement tout ce qu'il attaindra. »

D'un autre côté on lit dans le *liber Ignium*,
page 4 :

« Sequitur alia species ignis quo Aristoteles
domos in montibus sitas destruxit incendio, ut
et mons ipse subsideret (succenderet). »

« *Re*. Balsami, li. i, alkitran, li. v, oleum
ovorum et calcis non extinctæ, ana li. x. Calcem
teras cum oleo, donec una fiat massa. Deinde inun-
gas lapides ex ipso et herbas ac renascentias quas-
libet, in diebus canicularibus, et sub fimo ejusdem
regionis sub fossâ dimittes; primo namque autum-
nalis pluviæ dilapsu succendetur terra et indigenas
comburet igne. Aristoteles namque hujus ignem
annis ix durare (durasse) asserit. »

Il est impossible de n'être pas frappé des rapports
qui existent entre les recettes données par les deux
ouvrages, et cependant l'un n'est pas la traduction
de l'autre. Les substances employées ne sont pas tout
à fait les mêmes, et la terre brûlée d'Aristote est
devenue la terre des Samaritains. On voit qu'il s'est
écoulé un certain espace de temps entre les deux
écrits. Nous allons encore retrouver avec quelques
modifications la fusée et le pétard décrits par Marcus.

(Folio 52, verso.—Chapitre 35.)

*Item autre façon de faire pouldre pour feu volant en l'air.*

« Prenez salpêtre une livre, souffre vif demie
« livre, charbon un quart de livre, et pulvérisez bien
« fort le tout ensemble, et de telle pouldre emplissez
« des canons de papier, et soient liez ainsi qu'il appar-
« tient, puis ayez un baston creux et rond de la lon-
« gueur de trois ou quatre pieds, dedans lequel bois
« vous mettrez un de ces petitz canons, et donnerez
« le feu par un bout, et incontinent s'en ira en l'air
« faisant grand bruit. Et si ledict canon ou roquet
« estait à deux estantes, l'une plus grande que l'au-
« tre, de quoy la grande doit estre plus pleine que
« l'autre de la dicte pouldre, et la petite estant de-
« mye pleine de ladicte pouldre. Et le feu se doit
« mettre par la grande estante, puis de celle-là en
« l'autre qui est petite par un conduict fait de plume
« qui sera esmorsé de l'une roquette en l'autre,
« en ceste façon bien liez ensemble comment verrez
« la figure.

« Et de ceste sorte l'on les pourra faire simples.
« Item il est à noter que de feu volant en l'air l'on
« en peut faire plusieurs manieres, comme dit est
« dessus; à sçavoir salpetre, souffre, charbon et
« huile de lin ensemble meslez et détrempez, et en

« une canne creuse ou papiers aussi, et puis y mettre
« le feu et incontinent le feu s'allumera et s'enlevera
« en l'air et fera beau veoir de nuict ledit passe-
« temps. »

En comparant cette fusée à celle de Marcus, on a
à constater plusieurs modifications. La proportion
du salpêtre, relativement aux deux autres substances, est plus faible, et il n'est pas besoin de lier très
fortement le petit tube pour produire le bruit, ce
qui montre que la combustion était plus vive ; le
petit tuyau qui communique le feu du grand tube
au petit est cylindrique, au lieu d'aller en s'évasant
au milieu, comme on l'a remarqué dans la fusée décrite par Marcus. Malgré ces perfectionnements, la
fusée n'est employée que comme objet d'agrément.

(Folio 53.—Chapitre 36.)

*Autre pouldre pour faire feu volant en l'air.*

« Prenez salpetre six livres, souffre une livre,
« charbon deux livres, et cesdites matières soyent
« très bien pulvérisées en un mortier, puis faictes
« les rondeaux de papier pour tenir deux estances de
« la dicte poudre, et qu'une soit plus longue que
« l'autre. La longue doit estre bien pleine de la
« dicte poudre, et la courte demie pleine comme
« il a esté dit dessus, dont voyez icy la figure.

« Item on en peut faire aller sur une corde par
« une maison ou ailleurs, et au bout de la corde un
« fil de fer ou d'arain.

« Item à noter qu'avec la recepte derniere escrite
« qui adjousteroit de colofonie bien pulvérisée et
« mise avec les autres matieres, se feroit très bonne
« pouldre pour lances à feu : mais est à noter qu'en
« ceste pouldre le souffre doit estre la moindre
« part, comme appert à la recepte par dessus. »

Le premier paragraphe reproduit exactement la
recette de Marcus : seulement l'on a apporté à la fusée un perfectionnement pour assurer sa direction.
Les petits tubes étant, comme on le voit dans la figure, placés dans le prolongement de l'axe ou sy-
métriquement des deux côtés, ne présentent plus
à l'air une résistance qui tende à faire dévier la fusée
de sa direction, comme dans la figure précédente.

Nous voyons que la colophonie, qui entrait dans
la première composition de Marcus, était encore
employée. Mais on a reconnu qu'elle était meilleure
pour les lances à feu que pour la fusée. Toutes les
substances qui entraient dans ces compositions, sont
donc le salpêtre, le soufre, le charbon, l'huile de lin
et la colophonie ; les mêmes qui sont employées
dans les deux recettes de Marcus pour *le feu volant;*
seulement l'expérience a réglé leur usage un peu
autrement.

Voici un nouveau progrès de la fusée constaté
par notre traité.

(Folio 50.—Chapitre 26.)

*Autre manière pour composer fusées de feu qui sont très bonnes.*

« Prenez salpetre trois livres, souffre une livre,
« chaulx vive une livre, et toutes icelles matieres pi-
« lez et meslez ensemble, et les destrempez en eau
« ardante : puis ayez vostre canon de fusées lequel
« emplirez de la dicte paste, et les liez de fil par les
« deux boutz et puis mettez y vostre vergette pour
« conduyre lesdictes fusées droict, et ce faict tram-
« pés les fort en souffre, poix résine, et chaux vive,
« fondu le tout ensemble : pour garder les fusées de
« rouiller après qu'elles sont faictes plongez les en
« poix fondue. »

Ici ce ne sont plus les trois matières qui forment
la poudre; la chaux vient remplacer le charbon et
empêcher l'explosion. On a découvert le moyen
d'assurer la direction de la fusée, en ajoutant à sa
partie postérieure une baguette qui, par la résistance que l'air oppose à ses mouvements latéraux,
empêche la fusée de changer aussi facilement de direction.

(Folio 49, verso.—Chapitre 25.)

*La manière de faire et composer fusées de feu, et icelles
garder d'enrouiller. et seront bonnes et parfaictes.*

« Prenez sal nitre cinq livres, souffre une livre,
« charbon demie livre, et pillez en un mortier tout

« ensemble, et y adjoustez huile benedict, et de
« l'eau ardant ce que besoing en sera, et de tout
« cecy faictes en paste, et puis ayes autant de fers
« convenables à fusées, lesquelles oignez et empas-
« tez très bien de ladicte paste, et icelles ainsi em—
« pastées mettez les seicher dedans un four bien
« chauld tant qu'elles viennent seiches, et notés
« qu'il les fault fort lier, afin qu'elles bruslent petit
« à petit, et sont bonnes pour traiz à feu, et pour
« dars à feu, et pour picques, mais elle est un petit
« trop forte. Quand elles seront bien seichées au
« four tirez les, et formés, et figurez la paste en façon
« d'une fusée, et les enveloppés tout à l'entour de
« drap de linge vieux, et les liez ensemble tant
« qu'elles seront chauldes. »

Ce ne sont plus ici des fusées pour le *feu volant en
l'air* qui ne servaient que comme artifice de joie ; la
propriété fusante de la composition est employée à
brûler l'ennemi, et s'appliquait à l'extrémité des flèches, des lances et des piques. Il en était donc fait le
même usage que chez les Arabes. Nous trouverons
plus tard de nouvelles preuves que l'emploi
des artifices pour brûler son ennemi, ne fut pas
perdu ni abandonné, aussitôt que l'on connut l'emploi de la poudre dans les canons. Nous allons ac-
tuellement montrer que les compositions incendiaires appelées plus particulièrement *feu grégeois*, ne
furent pas non plus perdues, mais qu'elles continuèrent pendant un certain temps à être employées
et perfectionnées.

*Sensuit la façon de faire la munition et composition de feu grégeois.*

« Prenez souffre vif, tarte, farcacoly, peghel,
« sarcosti, olei petroli, olei commin et faictes bien
« boüillir lesdictes matieres avecques gomme dra-
« gagant ; et gardés bien qu'en les cuysant ne les tou-
« chez ne de bois ne de fer, car le feu se mettrait
« dedans, et ne se pourroit esteindre, sinon avec
« urine ou vin-aigre ; puis quand telles munitions
« seront cuytes et réfroidies, on en peult emplir les
« saques pour les lances à feu, ou dars, ou traictz, ou
« vires d'arbalestes, ou migraines. Et quand se-
« ront pleins de telle munition, il les fauldra fort lier
« de fil comme dict est des balons, et couvrir de
« souffre et de raisine fondue, comme dict est des-
« sus : puis les gardés en lieu que le feu ne s'y mette
« jusques à ce qu'on en aura affaire. »

*Autre mixtion à feu grégeois.*

« Prenez olei petroli une unce, souffre vif une
« unce, chaux vive fresche une unce, Peghe gregul
« une unce, de chacune matiere tant d'une que
« d'autre, meslez tout ensemble, et mettez telle
« confection là où vous vouldrés ; quand la pluye
« viendra il s'alumera, parainsi l'eau alume le feu. »

(Folio 55.—Chapitre 41.)

*Aucuns en font de ceste manière.*

« Chaux vive deux unces, gomme d'Arabie deux
« unces, souffre deux unces, huille de lin deux un-
« ces, le tout meslés ensemble, et incorporez avec-
« ques un peu de coton. »

(Folio 55.—Chapitre 42.)

*Autre feu grégeois.*

«Prenez souffre vif une unce, tarte demye unce,
« peghe gregul une unce, salcosti une unce, raisine
« de pin deux unces, tourmentine demye unce, huille
« de lin demye unce, huille petroli deux unces,
« orpimant pulvérisé une unce, encens une unce et
« demye, colofonie une unce et demye, et des cho-
« ses dessusdictes qui se pourront pulveriser soyent
« mises en pouldres ; l'huile de lin, et l'huile de pé-
« troli, soyent mises en un vaisseau de verre faict
« comme un urinal là ou on pisce, et qui soit rond au
« fons et le enveloppés de terre d'argille afin qu'il
« tienne mieux la chaleur du feu. Au dit vaisseau
« soyent mises les choses dessus dictes à boüillir avec-
« ques eau ardent, et quand tout aura bien boüilly,
« prenez un peu d'estouppes de lin, et les trempez
« dedans ladicte confection, puis passez lesdictes es-
« touppes sur la flambe de feu, et quand le feu y
« sera prins jectés les en eau froide, et lesdictes es-
« touppes arderont dedans ladicte eau, et par ainsi

« cognoistrés que ladicte confection sera bonne, et
« si le feu s'estoit mis dedans, il faudra de l'urine
« d'homme le tuer, telles confections sont bonnes
« pour mettre en grenades migraines, et autres
« confections de feu comme nous en dirons puis
« après. »

Les grenades étaient des boules creuses remplies
d'artifices incendiaires ; le mot *migraine* indique
probablement qu'elles étaient formées de deux
sphères réunies. Il n'est question dans l'ouvrage
que nous examinons, que de grenades en métal, et
pas du tout de ces grenades en verre qui étaient,
comme nous l'avons vu, employées par les Arabes au
treizième siècle. Le mot *migraine,* qui paraît avoir
été peu usité dans le sens qui lui est donné dans ce
livre, pourra servir à l'aide de nouvelles recherches,
à retrouver le pays où ces compositions ont été en
usage. Certains mots latins qui se rencontrent dans
le texte, donnent à penser que ces recettes ont été
traduites du latin.

Suivons maintenant les progrès de la purification
du salpêtre.

(Folio 41.—Chapitre 6.)

*Autre manière d'affiner le salpetre, qui a esté autresfois
préparé.*

« Prenez un chauderon bien net et l'emplissez
« d'eau pure claire de fontaine, et la chauffez sur
« le feu tant qu'elle commence à bouillir, et lors

« mestez vostre salpetre dedans, et le faictes bouil-
« lir petit à petit tant qu'il s'en veuille aller par
« dessus, et quand il escumera ostez en l'escume
« avecques une cuyller bien doulcement, et quand
« il aura bouilly ij ou iij bouillons esprouvez s'il
« sera cuyt ou non en ceste maniere: un baston ou
« prenez iij pailles longues et les plongez dedans vos-
« tre dessus dict chaulderon, et faictes desgouter des-
« sus un charbon bien vif, et si les goutes ardent il
« est cuyt, ou le faictes dégouter sur vostre ongle ou
« sur une piece de drap, et si ledict salpetre se con-
« gelle, alors il sera assez cuyt : et après laissez le re-
« froidir, et coulez l'eaue de ladicte décoction en un
« linge bien fort et espez, assavoir dans un vaisseau
« bien nect, et mettez si vous voulez dedans vostre
« vaisseau quatre ou cinq petits bastons qui soient
« bien nectz, et les laissez reposer trois jours et deux
« nuictz en quelque lieu seulement; et les trois
« jours et deux nuicts passées vous verrez si ledict
« salpetre sera assez congellé et pris, et s'il est pris
« audict baston, à donc coulez l'eaue de rechief
« comme devant est dit. »

Il n'y a pas de différence essentielle entre cette préparation et celle qui est indiquée par Marcus : ici seulement l'opérateur, qui sait que le salpêtre donné par sa préparation, n'est pas toujours très bon, la prolonge et la recommence pour le purifier de plus en plus.

(Folio 73.—Chapitre 100.)

*Pour affiner salpêtre au sec.*

« Prenez un vaisseau qui soit net et mettez de
« salpestre telle quantité que vouldrez, et le faictes
« fondre jusques à tant qu'il soit bien fondu, et puis
« prenez une cuiller percée et l'escumez très bien :
« et pour le desgresser, prenez un petit de souffre
« et le jectez dedans, et il desgressera ledit sal-
« pêtre. »

(Folio 39, verso.—Chapitre 2.)

*Pour faire salpetre qui soit bien bon et purifié.*

« Prenez de la chaulx vive et de l'eau de pluye
« ou d'autre, et les broüillez bien ensemble, et puis
« le laissez reposer par deux ou trois jours, et se fera
« forte lexive et puis la prenés bien, en manière que
« l'eau soit bien nette et claire en quelque vaisseau
« qui soit bien net, et puis mettez ledict salpetre
« dedans ladicte eau, et les faictes bouillir, jusques
« à la diminution de la quarte partie, et l'escumez
« bien fort, et puis approuvés s'il est assez cuit ou
« non sur un charbon vif, et si la fumée est bleüe, il
« est assez cuit et assez bouilly : et a donc vuidés
« l'eau en un autre vaisseau net tout doulcement,
« afin que les fondrilles et ordures ne tombent avec
« ladicte eau, puis laissés la refroidir, et au fond de
« celuy second vaisseau trouverés bon et parfaict
« salpetre. »

(Folio 40.—Chapitre 3.)

*Autre manière d'affiner salpêtre.*

« Prenez de la lexive dessus dicte, et mettez vos-
« tre salpetre dedans, et le faictes bouïllir aussi
« longuement que l'on met à faire cuire du poisson,
« puis le coulez en un bassin net, et le laissez repo-
« ser et réfroidir, et après le remettez sur le feu, et
« le faictes encores bouillir jusque à la consomma-
« tion de la quarte partie ou de la moitié, et puis
« ostés la du feu, et la laissés reposer et réfroidir.
« Et au fond d'iceluy second vaisseau trouverez bon-
« salpetre et affiné. »

Ces deux recettes montrent l'art de la préparation du salpêtre s'avançant dans une voie nouvelle,
qui n'est, ni celle des chimistes chrétiens philosophes ou médecins, ni celle des Arabes, puisqu'on
fait bouillir le salpêtre avec de la chaux.

(Folio 40.—Chapitre 4.)

*Autre manière pour affiner le salpetre, et tirer le sel et*
*l'alun de glace.*

« Prenez deux livres de chaulx vive, une livre
« d'orpiment, une livre de victriol, et deux livres
« de sel commun, et toutes icelles matieres destrem-
« pées en vin ou en vinaigre, et en faictes lexive,
« laquelle laisserez réfroidir par deux ou trois jours,
« afin qu'elle soit plus claire, et puis mettez ce que
« vous vouldrez de salpetre dans un chauderon avec

10.

« ladicte lescive, en telle quantité qu'à grand'peine
« en soit couvert vostre salpestre et le mettez tout
« ensemble, et le remuez bien fort, et le faictes
« boüillir jusques à la consummation de la moitié,
« et ce faict coulez tout doulcemeut le vin ou vin-
« aigre de la décoction, et le mettez dedans un au-
« tre vaisseau qui soit net, et vous trouverez au fond
« dudit chauderon le sel et l'alun de glace et toutes
« ordures dudit salpetre, et apres laisserez vostre
« vin ou vin-aigre ainsi que devant avoit esté re-
« froidy, lors se congellera le salpetre bien dur
« comme claire gelée, et a donc espandez vostre vin
« ou vin-aigre et le mettez essuyer au soleil. Et en
« ceste maniere vous aurez bon salpetre, et meilleur
« que nul autre qui soit dit. »

(Folio 40, verso.—Chapitre 5.)

### Autre maniere de préparer et extraire le sel du salpetre contenant sel.

« Si voulez tirer et séparer sel du salpetre, mettez
« ledit salpetre dedans eau froide, et le remuez en
« telle quantité qu'à grand'peine puisse elle exceder
« ledit salpetre, et adonc le sel dudit salpetre se fon-
« dra, et le salpetre demeurera tout entier dedans
« ladite eau : car le salpetre ne se peult fondre en
« eau froide ne dissouldre, mais bien se congelera
« de la froideur de ladite eau : et adonc repandrez
« vostre eau, et faictes bien seicher vostre salpetre
« au soleil, et sera bon et parfaict. »

(Folio 58.—Chapitre 48.)

*Pour affiner salpétre en pouldre.*

« Prenez en telle quantité de salpetre que voul-
« drez, puis le mettez dedans un chauderon avec-
« ques laissive, faictes une part de chaux vive, deux
« pars de cendre, puis les faictes bien bouillir,
« quand aura bouilly deux ou trois bouillons, prenez
« un peu d'alun, ou de victriol romain, selon la quan-
« tité de vostre salpêtre, et le boutez dedans ledict
« chauderon, incontinent ledict salpetre s'escumera
« fort, et après qu'il sera bien escumé, ostez le de-
« dans ledict chauderon, et le mettez en un vaisseau
« nect, puis le laissez refroidir, et puis le prenez et
« le boutez dedans un autre chauderon, et le faictes
« boüillir tant que toute la laissive se consomme. Et
« quand l'eau viendra à consommer, remuez le fort,
« à celle fin qu'il se mette en pouldre, et vous trou-
« verez salpetre tout pillé. »

Dans cette dernière préparation, la cendre est
employée comme dans celle des Arabes, mais probablement en plus grande quantité, puisqu'elle
n'est pas limitée d'une manière précise, comme elle
l'était dans le traité de Hassan. Etait-on arrivé à ce
résultat sans avoir communication du procédé usité
chez les Arabes, ou leur a-t-on emprunté l'usage de
la cendre, en l'ajoutant à l'emploi beaucoup moins
important de la chaux ? C'est une question que nous
ne pouvons pas décider.

Les procédés que nous venons de rapporter étant avec trois autres préparations que nous donnerons bientôt, les seuls qui se trouvent dans notre traité, nous pouvons en conclure que l'art de la fabrication du salpêtre n'était pas plus avancé dans les premiers temps qui suivirent l'invention de la poudre à canon, c'est-à-dire après le moment où l'on apprit à utiliser le phénomène de la détonation. Il est donc démontré que dans les commencements de son emploi, les procédés pour la préparation du salpêtre étaient tous fort imparfaits, et que la poudre d'alors n'avait comparativement à la nôtre qu'une détonation lente. On voit ce qu'il y a de providentiel dans la marche de l'art humain. Si l'homme avait eu de prime abord une poudre aussi vive que la nôtre, il est probable qu'il n'aurait pu maîtriser cette force ni l'employer avec les instruments qui étaient à son usage, et la découverte serait restée sans application. Nous voyons, grâce à l'impureté primitive du salpêtre, l'homme employer ses mélanges avec le soufre et le charbon, à produire une force qui sert à lancer à de petites distances de faibles parcelles de matière incendiaire; cette force augmente peu à peu à mesure que l'homme parvient à mieux raffiner le salpêtre, et il finit par la faire servir à lancer des projectiles.

Il faut remarquer que la réunion de tous ces procédés aurait donné un salpêtre beaucoup plus pur qu'il ne pouvait l'être par l'usage d'un seul, puisque celui qui prescrit l'emploi de la cendre

pour changer en nitrate de potasse, les nitrates solubles, ne sépare pas le sel marin, et que ceux qui
servent à séparer le sel marin n'admettent pas la
cendre dans leur préparation.

Nous savons où en était la préparation du salpêtre, quand la poudre était employée à lancer des
projectiles; il nous reste à voir comment de l'emploi de compositions fusantes et de la connaissance
du fait de la détonation, l'esprit humain a passé à
l'idée d'en faire usage comme force motrice.

(Folio 58, verso.—Chapitre 49.)

*S'ensuit un petit traicté comment l'on doibt préparer salpetre,*
*et faire pouldre de toute sorte.*

« Pour préparer salpetre en telle confection :
« Prenez une seillée de chaux vive, et deux de cen-
« dre, et les mettez en un vaisseau, et mettez dedans
« ledict vaisseau six seillées d'eau, et le laissez repo-
« ser deux jours naturelz, le premier jour le remuez
« cinq ou six fois avecques un baston, et tirez vostre
« eau par un pertuis, et mettez là en vostre chaul-
« dière, et vostre salpetre dedans, et le faictes fort
« bouillir tousjours en l'escumant, et qu'il bouille
« jusques à ce que quand vous bouterez un baston
« dedans, que les gouttes se congellent au bout du-
« dict baston. Et puis prenez un verre d'urine
« d'homme, et deux unces d'alun, demy unce de
« couperose, le tout en pouldre, et mettez dedans
« ladicte urine, et puis jectés tout en vostre chaulde-

« ron, et incontinent le salpetre se montera, escu-
« mez le, et l'ordure qui est par dessus ostes là, et
« l'escumez jusques à ce qu'il soit net, et puis le
« mettez hors de dessus le feu, et le mettez refroidir,
« et l'eau que vous osterez de dessus vostre salpêtre
« recuisés là comme devant, et vous aurez très bon
« salpetre, et parfaict. »

(Folio 59.—Chapitre 50.)

*Autre maniere de faire pouldre d'amorce de salpetre.*

« Prenez du salpetre préparé ainsi que dessus est
« dit, et le boutez en un pot de terre plombé sur le
« feu, et l'y laissez jusques à ce que le salpetre soit
« tout fondu, et jectez dedans du souffre et du
« charbon grossement pilé, et le feu se prendra au
« dit salpetre et se bruslera la gresse et le sel, et
« quand vous verrez qu'il sera net si le mettez en
« bassin et le laissez refroidir, et vous trouverez sal-
« petre en perfection naturelle. Et notez que s'il y
« a trois livres de salpêtre qu'il ne faut qu'une de-
« mie livre de souffre et autant de charbon. »

Si l'on fait attention à cette dernière préparation, on verra combien elle présentait de chances
d'explosion, quand on la pratiquait avant de savoir
qu'il fallait employer du *souffre et du charbon grossement pilé.*

(Folio 59.—Chapitre 51.)

*Autre maniere de mundifier salpestre plus fort et meilleur.*

« Prenez salpetre préparé, ainsi comme dessus est

« dit, et le mettez en lessif dessus le feu, et le faictes
« fort bouillir, jusques à ce qu'il soit tout fondu, et
« puis le laissez refroidir, et vous aurez salpêtre le
« meilleur que l'on sache faire. »

Les trois procédés dont on vient de lire la description, s'exécutant successivement sur la même substance, devaient donner un salpêtre plus pur que celui qui pouvait être obtenu par chacun des procédés décrits précédemment, quoique le sel marin continuât à rester dans la substance.

Les trois dernières préparations forment les chapitres 49, 50 et 51. Or voici la préparation du chapitre 53.

### (Folio 59.—Chapitre 53.)

*S'ensuit comme lon doit faire les grosses pouldres, pour gros bastons.*

« Prenez salpêtre cent livres, souffre xxv livres,
« charbon xxv livres, et mettez tout ensemble, et
« faictes bien bouïllir jusques à ce que tout sera
« bien prins ensemble, et vous aurez grosse poul-
« dre. »

L'usage qui est ici parfaitement constaté de soumettre à l'action de la chaleur le mélange des trois substances, salpêtre, soufre et charbon, dut produire bien des fois le phénomène raconté par la tradition ; que le vase fût fermé par un couvercle ou par une pierre, il n'était pas même besoin d'une étincelle pour produire l'explosion ; la chaleur du feu y suffisait, et la pierre ou le couvercle devaient être lancés à une distance plus ou moins grande. Ce qui permet de croire qu'on est arrivé de cette manière à l'idée d'employer la détonation à lancer des projectiles, c'est le procédé dangereux que l'on indique ici pour fabriquer la poudre. La tradition se trouve ainsi confirmée dans son fait essentiel. Seulement, le mélange soumis à l'action de la chaleur, au lieu d'être un fait fortuit, était opéré pour la pratique ou le perfectionnement d'un art important.

Vient ensuite la préparation suivante :

(Folio 59 verso.—Chapitre 54.)

*Autre bonne pouldre pour serpentines, mortiers et haquebutes à crochet.*

« Prenez salpêtre cent livres, soufre xx livres,
« charbon xx livres, et mettez tout ensemble,
« comme dessus est dit. »

Cette préparation contenant plus de salpêtre, était encore plus dangereuse que la précédente ; elle montre qu'aussitôt que l'on voulut lancer des projectiles par l'explosion de la poudre, on fut obligé de modérer l'action de cette force, et d'employer des compositions proportionnées à la nature et à la force de l'enveloppe qui devait y résister.

Voici deux nouvelles préparations faites dans un autre but que la purification du salpêtre ; elles

viennent ajouter à la vraisemblance de la tradition relative à Schwartz, quelque opinion que l'on
ait d'ailleurs sur le véritable nom de l'inventeur.

### (Folio 50 verso.—Chapitre 58.)

*La manière de faire de très bonnes chandelles de soufre.*

« Prenez salpetre deux livres, souffre une livre,
« et quart partie d'une livre de charbon, et fondez
« le soufre au feu dedans un pot de terre, et puis
« jectez le salpêtre et le charbon dedans quand le
« souffre sera fondu : puis faictes dedans lesdictes
« matières comme vous feriez en faisant des chan-
« delles de suif, et mettez vostre baston sec dedans,
« et vous ferez chandelles très bonnes. »

Au folio 68, dans un autre petit traité, on trouve
la même préparation.

### (Folio 68.—Chapitre 81.)

*Manière pour faire très bonnes chandelles de souffre.*

« Prenez salpetre deux livres, souffre une livre,
« charbon la quarte partie d'une livre, lesdictes
« matières fondez ensemble, et apres mettez vostre
« baston ou autre chose, et faites chandelles comme
« de suif, et seront tres bonnes. »

Les proportions sont les mêmes dans la seconde
recette que dans la première ; mais comme on
prend moins de précautions, il y a plus de danger
d'explosion. Est-ce par un accident arrivé dans une

de ces préparations, comme la tradition le raconte, ou bien par la série naturelle des idées, qui conduisait à faire des efforts pour lancer des artifices plus loin et plus sûrement, en les rendant plus pesants, que l'on arriva à se servir de bouches à feu pour lancer des projectiles destinés à agir par le choc? l'une et l'autre hypothèse sont très possibles. Dans certains pays on a pu y arriver d'une façon, tandis que dans d'autres l'on y aura été conduit d'une manière différente. On était, comme cela arrive souvent, si près de l'invention, qu'il a pu et dû y avoir plusieurs inventeurs. La découverte était à son origine si peu efficace, que quelques-uns mêmes de ceux à qui l'idée en vint, n'y attachèrent probablement qu'une faible importance.

Mais la conséquence essentielle qui se déduit de tout ce qui précède, c'est que la découverte de la poudre à canon n'est point l'effet du hasard ; l'esprit humain n'y arriva qu'après un long travail ; et s'il y a une chose dont on puisse s'étonner, c'est qu'on y soit parvenu si tard. Aux yeux de l'historien, dont le regard plane sur une vaste étendue de lieux et de temps, le progrès est toujours lent, et une innovation n'est admise qu'avec difficulté dans les contrées qui ne l'ont pas vu naître.

Un pays qui mettrait ses soins à accommoder à son usage les progrès faits chez les autres nations, en retirerait de grands avantages. Nous aurons plus d'une occasion dans l'histoire de l'artillerie, de justifier ces assertions.

Il est si vrai que l'emploi des trois substances, salpêtre, soufre et charbon, dans les artifices destinés à incendier, tenait à ce que le salpêtre n'était pas assez purifié pour produire l'explosion, qu'on lit ce qui suit dans notre Traité.

(Folio 61.—Chapitre 63.)

*Pour faire pouldre de fusées.*

« Prenez salpetre non préparé trois livres, souffre
« avec vif argent estaint, dedans une livre, charbon
« une livre, et lesdictes choses pilées ensemble qui
« soit fort pilé, et l'arosez de bon vin gros et le
« laissez seicher. »

Voici maintenant un paragraphe qui montre combien était faible la poudre employée dans les premiers temps.

(Folio 47.—Chapitre 19.)

*Comment on doit charger la chambre d'un canon ou autre baston de canonnerie, soit grand ou petit, tellement qu'elle ne soit trop chargée, mais selon vraye et droicte mesure.*

« Vous debvez mesurer la longueur du bas-
« ton par dedans despuis la bouche d'iceluy jus-
« ques au fond, et icelle longueur diviser en cinq
« parties égales : desquelles l'une sera pour mettre
« le tampon, et l'autre sera vuide, et les autres
« dernières doivent estre chargées de bonne poudre

« et en gardant ceste doctrine les autres seront
« bonnes et sures. »

Nous voyons qu'il est recommandé de remplir
de poudre les trois cinquièmes de l'âme ; cette
quantité énorme, relativement au projectile, montre
combien cette poudre était faible ; ce qui se voit
aussi par les proportions de la composition et le
peu de pureté du salpêtre.

(Folio 47.—Chapitre 20.)

*Comment on doit bouter et alumer le feu en la bouche d'un
canon ou autres bastons de canonnerie après qu'il est chargé, pour éviter tous dommages d'iceluy qui boutera le feu.*

« Quand vous aurez chargé un canon, ou
« autre baston de canonnerie, et vous y voulez
« bouter le feu pour en tirer, prenez vostre
« degorgeur et le boutez par le pertuys par
« lequel on boute le feu en la chambre jus-
« ques au font d'icelle, et puis boutés dessus
« le pertuys de bonne pouldre d'amorse laquelle
« conforte l'autre qui est dedans ledict baston,
« et puis faictes une trainée jusques au pertuys
« de l'amorse. Et ce faict boutez le feu au
« bout de la traynée, et puis vous pourrez re-
« tirer affin que vostre baston ne vous face
« dommage, et vous gardez bien d'allumer poul-
« dre d'amorse sans pouldre commune : car elle
« est si chaulde sans la commune que vous ne

« scauriez retirer assez à temps sans en avoir
« dommage. »

Ceci doit avoir été écrit bien près du moment
où la poudre servit pour la première fois à lancer
des projectiles, et montre toute la difficulté des
premiers essais, à une époque où l'on ne connaissait pas bien encore la force de la poudre, force
qui devait varier d'une charge à l'autre. Cette machine nouvelle, que l'on n'osait pas faire partir,
sans en éloigner même celui qui y mettait le feu,
devait effrayer autant les hommes qui en faisaient usage que ceux contre qui elle était dirigée.

On eut dès l'origine l'idée d'interposer un tampon de bois entre la poudre et la pierre, soit que
cet usage fût tiré de l'emploi d'un objet analogue dans certaines machines du temps, soit qu'on
l'eût tout de suite jugé nécessaire pour assurer la
direction d'une pierre qui n'avait pas toujours des
dimensions conformes à celles de l'âme qui devait
la recevoir.

Voici un passage qui constate un progrès indispensable pour que l'usage des nouvelles machines
offrît de l'avantage.

(Folio 47, verso.—Chapitre 21.)

*Doctrine pour tirer seurement et justement d'un canon ou*
*autre baston de canonnerie sans qu'il vous puisse porter*
*dommage, ne nuyre à celui qui le tirera.*

« Sy vous voulés tirer seurement et justement,

« vous vous debvés garder au commencement de
« tirer trop hault : car autrement ne pouvés pas
« prendre vostre visée et mesure. Aussi debvés
« vous sçavoir le poix de vostre pierre, et du
« tampon, pareillement le poix de la pouldre et
« sa force. Et vous gardés biè que nul feu soit
« pres de vostre piece ou sac de pouldre, et de-
« mourés à costé tant en chargeant qu'en met-
« tant le feu. »

Ici on est parvenu à maîtriser la force nouvelle,
et le canonnier reste près de la pièce, quand le
coup part. On commence à s'occuper des moyens
de faire arriver la pierre au but contre lequel elle
est lancée.

Nous avons déjà fait remarquer que les compositions fusantes attachées au bout des lances ou des
piques, développaient par leur combustion une
certaine force; une pierre placée à leur extrémité
n'aurait pas été lancée avec une grande vitesse,
mais elle aurait du moins été mise en mouvement. Un passage de l'ouvrage que nous mettons
à contribution tend à faire croire que cette force
motrice était déjà employée avant que l'on connût
le moyen d'utiliser la détonation.

(Folio 68, verso.—Chapitre 83.)

*Autre manière de composer feu volant contremont qui brus-
lera ce qu'il touchera.*

« Prenez souffre vif deux pars, et colophane une

« part, et la tierce partie de sal nitre, desquelles
« matières pilées, et bien broyées ensemble avec un
« peu d'huille de lin, tellement que lesdictes ma-
« tières se dissolvent ensemble, et soit faicte une
« confection et matière, puis ayez un baston de
« fresne ou de chesne, tout creux, et de ladicte
« commixtion et matière, faictes pelottes rondes
« propices et convenables à la rotondité d'iceluy
« baston, et en un bout d'iceluy mettez une pe-
« lotte ou tant qu'il vous plaira, et par l'autre
« bout mettez y le feu, et alors lesdictes pelottes
« sortiront dehors, et là où toucheront brusleront
« tout. »

Pour que cet instrument de guerre réussît complétement, il fallait que le tube fût fermé ou
rétréci à l'extrémité par laquelle on mettait le feu.
Il est très possible que cette manière de lancer les
pelotes incendiaires fût connue des Arabes. Les
*pois chiches* dont on a vu de nombreuses compositions, semblent n'être pas autre chose que ces
*pelottes rondes*. La figure 29 (planch. 1) paraît
précisément en représenter l'emploi avec une marmite. Cet usage des tubes avait l'inconvénient de
faire partir toutes les pelotes au même instant ;
on préférait sans doute se servir des lances et des
piques qui lançaient la flamme pendant un temps
plus long, ou bien des *trompes* ou *trompettes* qui
lançaient comme les bastons des boules incendiaires, mais l'une après l'autre et non toutes à la fois.

(Folio 53, verso.—Chapitre 37.)

*Autre pouldre bonne à canon et autres piéces pareilles.*

« Salpetre trois pars, charbon une part, souffre
« une part. Soit pillé une chacune matière à part
« l'une de l'autre, puis les assembler ensemble.
« Telle poüldre est bonne quand on charge lances
« à feu à mettre entre les balons, car elle faict feu
« long, et comme le premier balon se met en une
« trompe, il fault faire un petit balon d'estouppes
« et de ladite' pouldre pour mettre au fond de
« ladite trompe, puis le balon que lon doit met-
« tre en la trompe soit enveloppé d'estouppes par-
« dessus avec ladite pouldre, et le devaller au fond
« apres le premier petit balon d'estouppe et de
« pouldre, comme dit est pardessus.

« Item autrement quand les balons sont plongez
« en souffre et raisine ensemble fonduz et saulpic-
« quez de la dite grosse pouldre, il leur fault oster la
« petite brochette de bois qui aura esté mise en un
« des boutz du balon, et fault emplir le pertuis dudit
« balon de bonne pouldre d'amorse, et puis mettre
« ledit balon en la trompe, et que le bout du balon
« là où est le pertuis plein de ladite amorse aille
« vers le fond de ladite trompe, afin que quand
« il prendra feu, le balon sortira hors et s'en ira
« en l'air tout ensemble de feu, et ainsi des ba-
« lons. »

(Folio 54.—Chapitre 38.)

*La façon de faire lesditz balons pour lances à feu ou trompettes.*

« Il fault faire en façon de petits sachetz de toille ;
« puis apres les emplir de munitions qui seront
« icy apres escriptes. Et quand ilz seront pleins,
« il les faudra lier sur une petite brochette de
« bois pointue, et ladicte brochette doit demourer
« dedans le balon jusques à ce qu'on le vueile
« mettre dedans la trompe, et quand chacun ba-
« lon sera plein, il les fauldra tout à lentour
« relier de bon et fort fil, et lacer comme une
« balle, puis soit plongé en souffre fondu avecques
« raisine, suif un petit. Toutes ces matières fon-
« dues ensemble en gresse, et quand le balon
« sera hors, soit incontinent mis et bouté dedans
« de la grosse pouldre, afin qu'il soit bien cou-
« vert, puis luy soit osté la brochette, et emply le
« pertuis de pouldre d'amorse, et ainsi se peult
« faire de tous autres balons. »

Les matières qui entrent dans les balons sont
les *compositions de feu grégeois* dont on a vu la
description. Dans notre traité de canonnerie on
retrouve bien les pots à feu, mais aucun de ces
nombreux vases de verre employés par les Arabes.
Cette circonstance montre qu'aucun des écrits particuliers qui y sont contenus, n'est traduit directement de l'Arabe ; elle tient probablement à ce

11.

que l'art de la verrerie était alors moins avancé chez les chrétiens que chez les Arabes, et elle concourt à prouver encore que l'art compliqué des feux de guerre fut réellement pratiqué et perfectionné par des chrétiens.

Pour faire voir combien était variable la composition de la poudre employée dans les premiers temps, nous rapporterons quelques-unes des nombreuses recettes contenues dans notre Traité.

(Folio 41, verso.—Chapitre 7.)

*Compositions de pouldres.*

« Mixtions appartenantes à faire de bonnes « pouldres communes. Prenés salpetre affiné trois « livres, souffre deux livres, charbon une livre; « pillés lesdictes choses ensemble, et les arrouser « par raison d'eau-de-vie, ou eau ardente, ou de « vinaigre, ou d'urine d'homme qui boive vin, « et ferés bonne pouldre. »

(Folio 41, verso.—Chapitre 8.)

*Autre pouldre meilleure, et plus forte que la pouldre devant dicte.*

« Prenez salpetre cinq livres, souffre deux li- « vres et demye, charbon une livre et demye, et « pillés lesdictes choses ensemble comme dessus « est dict, et les passez par un tamys, et les ar- « rousés par raison comme dessus est dict. »

*Autre maniere pour faire pouldre encore meilleure et plus forte que ne sont les autres, et pour tirer plus loing que nulles autres.*

« Prenez salpetre six livres, souffre une livre demye, charbon une livre : pilés le tout ensemble, et en faictes poudre comme devant est dict. »

*Petit traicté des pouldres et autres munitions artificielles pour faire feu grégeois, lesquelles pouldres se peuvent garder longuement.*

« Tout premièrement pouldre commune de canon se peult faire de trois pars salpetre, une part souffre, et une part charbon, lesquelles matieres soient fort pillées et meslées ensemble, et apres les arrouser d'un peu de vin-aigre, et puis rebattrez lesdictes pouldres ainsi arrousées comme dict est. Et si ladicte pouldre estoit trop dure, il la fauldroit tourner piller de gros en gros, car quand elle est en petites mottes elle a plus grand force à tirer que quand elle est trop menue.

« Notez que si vous chargez pièces d'artillerie, que si vous chargez la première charge des menues pouldres, et après les autres de pouldre en petites pelotes, que la dicte pièce d'artillerie menera très grand bruit. »

(Folio 52.—Chapitre 24.)

*Autre manière pour faire pouldre à canon, et pour hacque-*
*butes à crochet.*

« Prenez salpetre quatre livres, charbon une
« livre, souffre une livre, et que ladicte part de
« souffre soit un peu plus légière que la part du
« charbon, et tout soit pillé et assemblé, et arrousé
« de vin-aigre, ou d'urine d'homme qui boive du
« vin, jusques à tant que vous congnoissez que la-
« dicte pouldre soit bonne. »

Sans multiplier davantage les exemples, nous
donnerons le tableau de toutes les proportions employées dans la composition de la poudre.

| Salpêtre | Soufre. | Charbon. | Salpêtre. | Soufre. | Charbon. |
|---|---|---|---|---|---|
| 3 | 2 | 1 | 1 | 2 | 2 |
| 5 | 2 $\frac{1}{2}$ | 1 $\frac{1}{2}$ | 3 | 1 | 1 |
| 6 | 1 $\frac{1}{2}$ | 1 | 4 | 1 | 1 |
| 1 | 1 | 1 | 5 | 1 | 1 |
| 4 | 1 | 1 | 6 | 1 | 1 |

On voit que de même que les Arabes avaient essayé
toutes les proportions des trois substances, pour
éprouver leurs propriétés fusantes, on essaya chez
les chrétiens toutes les proportions pour connaître
leur force détonante.

Des compositions différentes de la poudre à canon, mais ayant encore le salpêtre pour base, ont
été dans les premiers temps employées quelquefois
concurremment avec la poudre pour lancer des
projectiles.

Voici une recette fort curieuse.

(Folio 64, verso. — Chapitre 73.)

*Pour tirer d'un canon chargé d'eau et d'huile sans pouldre.*

« Prenez du salpetre et le fondez en eau de sel
« armoniac fondu en eau, et du souffre, lequel
« fondrez en huile commune, puis prenez de l'eau
« de la dicte dissolution, dudit salpetre deux pars,
« et eau dudit sel armoniac deux pars, et d'huile
« dudit souffre ij pars, adjoustez avec ceste matière
« huile benoiste deux pars, toutes les eaux et huiles
« meslées ensemble, et faictes bien charger vostre
« baston d'un bon tampon et d'une bonne pierre
« dedans la chambre, et de celuy espandez et met-
« tez des eaux et huiles en telle quantité que la dite
« pierre de la chambre de derrière soit chargée, et
« y boutez le feu de loing avecq'une verge de fer
« toute rouge, afin que vous puissiez retirer au loing
« et à temps, sans danger de vostre personne, et
« gardez que le baston soit seur, car en ceste ma-
« nière vous tirerez de tant loing que vous voul-
« drez. »

Voici un autre paragraphe, qui prouve que l'on
chercha d'abord à employer la poudre pour lancer
les projectiles en usage avec les autres machines.

(Folio 65.—Chapitre 74.)

*Pour tirer lances ferrées d'une bombarde, canon ou autre baston à feu de canonnerie.*

« Chargez la tierce partie de la chambre dudit
« baston, et y mettez un bon tampon de bois, puis
« un autre tampon d'argille ou terre grasse, à l'en-
« contre de celui de bois, puis les lances que vous
« voudrez tirer amenuisez-les par devant, et hors les
« ditz bastons tout droit devant la bouche ou orifice
« d'iceluy y ait un siege que l'on puisse lever con-
« tre-mont et abaisser contre-bas quand l'on voul-
« dra : lors boutez ladicte lance dedans ledict bas-
« ton, par le gros bout de derrière d'icelle non de-
« ferée contre ledict tampon de bois qui se fourrera
« en ladicte chambre d'iceluy baston, et lesdictes
« lances au dehors dudict baston mettez ou faictes
« mettre le feu audict baston. »

L'emploi des trompes qui comme on l'a vu, lançaient successivement plusieurs pelotes incendiaires, conduisit à l'idée de lancer de même plusieurs
boulets.

(Folio 65.—Chapitre 75.)

*Comment on pourra d'un seul baston à feu tirer plusieurs bouletz de fer ou plombées.*

« Premierement fault charger la chambre du
« baston de devant de pouldre, et que l'une des-

« dictes boulles ou pelottes soit longue, et puis met-
« tez et frappez un desdicts bouletz contre ladicte
« pouldre, apres chargez de rechief ladicte chambre
« desdictes pouldres comme dessus, et y mettez pa-
« reillement un autre boullet, et chargez toujours
« de bouletz et de pouldre, jusques à ce que ledict
« baston soit tout chargé. Et en chacun desditz bou-
« letz ou plombées y ayt un petit pertuis de la gran-
« deur d'un festu, lesquelz pertuis soyent pleins de
« pouldre fine, que le feu puisse aller d'une pouldre
« en autre. Ce faict au bout dudict baston contre
« ledict boulet, mettez une chandelle de souffre,
« et l'alumez au bout devant de l'orifice du baston,
« puis vous tirez arrière, et le feu s'allumera, et
« lesditz bouletz sortiront dehors l'un après l'autre,
« et feront chacun leur coup jusques à ce que la
« chambre de celuy baston soit vuidée. »

Nous allons maintenant rechercher l'origine des
mots *baston à feu, canon* et *bombarde*, qui furent
employés pour désigner les premières machines de
l'artillerie à feu.

Le mot *baston* était déjà usité comme expression
générique des armes offensives de main, avant l'invention de la poudre. On lit dans la relation de
Joinville, quand il raconte que les Français furent
faits prisonniers en Egypte (1) : *et chacun rend aux
Sarrasins les bastons et harnois.* Il était donc tout

---

(1) *Histoire du Roy saint Loys.* Paris, 1668. Page 62.

naturel d'employer le terme général de *bastons à feu*, pour les piques et les lances à feu que nous représentons *fig.* 1 (*pl.* XIV), d'après les dessins laissés par les auteurs de pyrotechnie du seizième siècle. Le mot *baston* était même littéralement exact pour désigner certaines bouches à feu destinées à lancer des projectiles et composées quelquefois de simples tubes de bois renforcés de cercles en fer.

Les mots *bastons à feu* furent longtemps employés dans les ordonnances de nos rois comme l'expression la plus générale des armes à feu. Dans le *livre de Canonnerie* la dénomination de *baston* est souvent étendue aux grandes bouches à feu, comme dans la phrase : « *S'ensuit comme l'on doit faire les grosses* « *pouldres pour gros bastons.* »

Dans les citations précédentes, l'on a trouvé le mot *canon* appliqué dans le sens de tube : ainsi nous avons vu des *canons de fusée*, des *canons en papier*, expressions que l'on retrouve encore dans les auteurs de pyrotechnie du seizième siècle. Le mot *canon* venant du mot latin *canna*, signifiait un tuyau, et cette dernière expression a fini par remplacer le mot *canon*, banni peu à peu de l'usage dans cette acception, à cause de son application aux armes à feu qui s'étendit de plus en plus.

Dans un ouvrage ayant pour titre : *Le diverse et artificiose machine del capitano Agostino Ramelli*(1),

---

(1) Ce Ramelli était ingénieur de Henri III, qui l'avait fait venir d'Italie à cause de sa grande réputation.

*composte in lingua italiana et francese,* imprimé à Paris en 1588, on trouve la description d'un grand nombre de machines hydrauliques qui ont des tuyaux. Le texte italien emploie toujours le mot *cannone*; le texte français emploie quelquefois le mot *tuyau,* mais beaucoup plus souvent le mot *canon.* Ainsi, au folio 13 recto, l'auteur dit, en parlant de l'eau : « *E constretta di montare per li quattro cannoni segnati* 2, 3, 4, 5 », et au folio 13 verso : « *Est contraincte de monter par les quatre canons ou tuyaux notez* 2, 3, 4, 5. Dans presque tous les autres passages, le mot italien *cannone* est remplacé dans le texte français par le mot *canon.* Dans le même ouvrage, il est aussi question de bouches à feu, qui sont désignées par le mot *canon;* il se trouvait donc réellement pour le même mot deux sens trop différents, pour que l'un des deux ne dût pas disparaître.

Avant même l'emploi de la poudre à canon pour lancer des projectiles, les tubes, souvent en fer, qui étaient attachés à l'extrémité des lances ou des piques étaient donc des canons. Dans le mot *baston,* c'était le bois qui donnait son nom à l'arme; mais les tubes fabriqués en métal, bien que restant pendant assez longtemps attachés au bois de la même manière, comme nous le verrons dans la suite de l'Histoire de l'artillerie, prirent un développement de plus en plus grand, et finirent même par être détachés du bois; le mot *canon* remplaça peu à peu ιe mot *baston*, qui tomba en désuétude, et il devint l'expression la plus générale des armes à feu.

Le mot *bombarde* paraît le seul qui ait été à l'origine créé pour désigner une arme nouvelle. Les bastons à feu et les canons n'avaient dans les premiers temps que peu de puissance, parce qu'ils ne lançaient qu'avec une médiocre vitesse des pierres qui n'étaient pas fort grosses. On eut tout de suite l'idée d'employer la force nouvelle à lancer de grosses pierres, qui, sans recevoir une grande vitesse, pouvaient écraser par leur masse; c'est aux machines à feu servant à les lancer, et produisant un bruit plus considérable, que l'on donna le nom de *bombardes*. Voilà du moins ce qui paraît vraisemblable. Nous ne devons cependant pas dissimuler que dans un passage du traité de Marcus, on trouve, non pas le mot *bombarde*, mais le mot *bombax*, appliqué à un projectile. Voici ce passage (1) :

« Compositio inextinguibilis, facilis et experta. *Re.* Sulfur vivum, colofoniam, aspaltum classam, tartarum, piculam navalem, fimum ovinum aut columbinum. Hæc pulverizata subtiliter dissolve petroleo; post in ampullâ reponendo vitreâ, orificio bene clauso, per dies xv in fimo calido equino subhumetur. Extractâ vero ampullâ, distillabis oleum in cucurbitâ, lento igne ac cinere mediante, calidissimè et subtilè, in quo si bombax intincta fue-

---

(1) Marcus, page 5.

rit ac incensa, omnia, super quæ arcu vel balista projecta fuerit, incendio concremabit. »

L'opinion du père Daniel, induit. en erreur par un texte inexact, a fait croire à un assez grand nombre d'écrivains que le mot *bombarde* était souvent employé par les chroniqueurs du moyen âge, pour désigner des machines de guerre d'une espèce différente. Ces écrivains retardent l'époque de l'origine de la poudre à canon et nient son emploi pendant un assez grand nombre d'années après son introduction, faute de pouvoir expliquer comment l'usage d'une invention si importante sembla disparaître par intervalles. Cette erreur est assez importante pour que nous devions nous y arrêter un moment.

On lit dans l'*Histoire de la milice française* (1) :

« Froissard parle d'une bombarde fort extraordinaire, au sujet du siége d'Audenarde fait par les Gantois, sous la conduite d'Artevelle.

« *Encore de rechef*, dit-il, *pour plus esbahir ceux de la garnison d'Audenarde, ils firent œuvrer une bombarde merveilleusement grande, laquelle avoit cinquante pieds de long et jettoit pierres grandes, grosses et pesant merveilleusement. Quand cette bombarde decliquoit, on l'oyoit bien de cinq lieues par jour, et de dix par nuit; et menoit si grande noise*

_____

(1) *Histoire de la milice française,* par le père Daniel, tom. I, page 442.

*au decliquer qu'il sembloit que tous les diables d'en-*
*fer fussent au chemin. »*

« Je ne saurois cependant (ajoute Daniel) me per-
« suader que cette bombarde fût un canon ou un
« mortier. Car un canon ou un mortier de cinquante
« pieds de long est une chimère ; c'étoit plutôt sans
« doute une balliste ou une catapulte de l'ancienne
« invention avec laquelle on lançoit de très grosses
« pierres. Le bruit qu'elle faisoit en lançant ces gros-
« ses pierres qu'on entendoit de cinq et de dix lieues
« me paroît difficile à croire. »

L'erreur du père Daniel vient probablement de
ce que ce passage était reproduit d'une manière
inexacte dans l'édition qu'il a consultée. Car voici
quel est le texte de la dernière édition de Froissard (1).

« Et firent ceux de Gand ouvrer, ordonner et
« charpenter à force sur le mont d'Audenarde un
« engin merveilleusement grand, lequel avoit vingt
« pieds de large et vingt pieds jusques à l'étage, et
« quarante pieds de long ; et appeloit-on cet engin
« un mouton, pour jeter pierres de faix dedans la
« ville et tout effondrer. Encore de rechef, pour
« plus ébahir ceux de la garnison d'Audenarde, ils
« firent faire et ouvrer une bombarde merveilleuse-
« ment grande, laquelle avoit cinquante-trois pou-

---

(1) Froissard, édition de M. Buchon, *Panthéon littéraire*,
tom. II, page 214.

« ces de bec et jetoit carreaux merveilleusement
« grands et gros et pesants ; et quand cette bom-
« barde descliquoit, on l'ouoit par jour bien de
« cinq lieues loin, et par nuit de dix, et menoit si
« grande noise au décliquer, que il sembloit que
« tous les diables d'enfer fussent au chemin. »

On voit que l'erreur du père Daniel vient de ce
que, dans le passage qu'il cite, les deux machines
de l'ancienne et de la nouvelle espèce se trouvent
confondues. Du reste, il existe encore aujourd'hui
à Gand une énorme bombarde qui, selon toute
probabilité, est celle dont a parlé Froissard. Nous
en donnerons le dessin dans la suite.

Nous ne nous sommes autant étendus sur l'éty-
mologie et le sens des trois mots *baston*, *canon* et
*bombarde* que pour faciliter l'intelligence des écrits
du moyen âge, et les recherches qui restent à faire
sur l'époque précise du premier emploi de la poudre pour lancer les projectiles. Les machines comprises sous ces trois dénominations ne tardèrent pas
à recevoir des formes nouvelles, ce qui amena un
grand nombre de noms différents.

# CHAPITRE VI.

## LES COMPOSITIONS INCENDIAIRES EMPLOYÉES CHEZ LES CHINOIS.

On sait que la civilisation chinoise remonte à une haute antiquité. En ce qui concerne les compositions incendiaires, les dénominations de *neige de Chine* et de *sel de Chine* employées par les écrivains arabes et persans pour désigner le salpêtre, donnent lieu de croire que c'est des Chinois mêmes que les musulmans reçurent dans l'origine l'usage de cette matière devenue d'un usage si important. Malheureusement, il ne nous est parvenu aucun traité chinois de feux artificiels, remontant au delà du treizième siècle de l'ère chrétienne. Tout ce que nous avons recueilli à cet égard nous est fourni par des Européens, principalement par les missionnaires catholiques établis en Chine, et ces écrivains, d'ailleurs très respectables, ont négligé de faire connaître l'époque des écrits qu'ils mettaient à contribution. Ils étaient du reste, par leur profession, étrangers aux arts de la guerre. Voilà le motif qui nous a engagés à renvoyer l'étude des compositions incendiaires des Chinois vers la fin de notre travail. Si ce qu'on va lire n'ajoute aucun témoignage direct à ce qui nous a été transmis par les écrivains arabes et par les écrivains occidentaux, ce que ceux-ci nous ont appris nous aidera à mieux apprécier la part qui doit être accordée aux Chinois. D'ailleurs les erreurs des voyageurs et des missionnaires serviront peut-être à donner une nouvelle force au témoignage des écrivains arabes et à la vraisemblance de nos déductions.

Citons le père Amiot qui, dans son Traité sur l'art de la guerre chez les Chinois, s'est étendu assez longuement sur notre sujet. Il dit d'abord (1) que les armes à feu étaient connues très certainement des Chinois dès le commencement de l'ère chrétienne, puisque *Koung-ming*, qui vivait alors, en faisait usage. Plus tard il s'exprime ainsi (2) : « Au sujet du tonnerre de la terre (*ty-lei*) (fig. 8, pl. XV), employé avec succès par Koung-ming environ deux cents ans après Jésus-Christ, je ferai observer que les auteurs qui parlent de *Koung-ming* ne le font pas l'inventeur de cette manière de nuire à l'ennemi. Ils disent, au contraire, qu'il l'avait puisée dans les ouvrages des anciens guerriers; ce qui est une preuve sans réplique, que les Chinois connaissaient la poudre à tirer et l'em-

---

(1) *Mémoires concernant l'histoire, les sciences, les arts, etc. des Chinois*, tom. VIII, page 331.
(2) *Ibidem*, page 336.

ployaient à la guerre bien longtemps avant que cette connaissance fût parvenue en Europe.

« Le *foung-ko* (ruche d'abeilles) (fig. 11, pl. **XV**), autre arme non moins meurtrière que le *ty-leï*, et qui date du même temps, en est une confirmation. Je passe sous silence ce qu'ils appellent le *ho-yao* (feu dévorant), le *ho-toûng* (boîte de feu), le *ho-toûng* (tube de feu), qui prouvent la même chose, ainsi que le *tien-ho-kieou*, c'est-à-dire le globe contenant le feu du ciel. Les effets que l'on attribue à ce *feu du ciel* nous rappellent l'idée qu'on se forme communément de l'ancien *feu grégeois*. On s'en servait dans les armées chinoises du temps de *Sun-tsée*, d'*Ou-tsée*, et même plusieurs siècles avant eux , c'est-à-dire plusieurs siècles avant notre ère. Mais (dit l'auteur qui me sert de guide) comme il est presque aussi dangereux pour ceux qui l'emploient que pour ceux contre qui il est employé, on en a interrompu l'usage. »

L'interruption dont parle l'auteur chinois tenait peut-être à ce qu'un salpêtre plus pur, substitué dans les mêmes artifices à un salpêtre moins pur, avait produit une combustion plus vive ou bien l'explosion, sans que l'artificier pût en prévenir l'effet, vu qu'il n'en connaissait pas la cause.

« Les anciens Chinois employaient la poudre (*chen-ho-yo*), soit dans les combats, soit pour mettre le feu au camp des ennemis. Il n'est pas dit comment.

« La poudre qui va contre le vent, et qu'on appelle pour cette raison *ny-foung-yo*, est une de celles qui ont le plus de force. Cette poudre a une vertu qui, ce me semble, pourrait être d'une très grande utilité dans nos armées; c'est que la fumée va aussi contre le vent.

« Les Chinois font leur poudre ordinaire de plusieurs manières avec les matériaux que nous employons, c'est-à-dire avec le salpêtre, le soufre et le charbon. Sur trois parties de salpêtre, ajoutant une partie de soufre et une partie de charbon, ou sur quatre parties de salpêtre, ajoutant une partie de soufre et une partie de charbon, on obtient la meilleure poudre pour les artifices de toutes les sortes. Les différentes drogues qu'on joint à cette première composition lui font produire différents effets. Par exemple, pour faire en sorte que la poudre enflammée produise un feu rouge, on ajoute du *tao-hoa-pi*. Si l'on veut les cinq couleurs en même temps, au lieu du *tao-hoa-pi* on ajoute le *ma-nao-pi*. Si l'on veut un feu qui soit comme blanc, il faut du *tchao-nao* (c'est le camphre). Si l'on veut une explosion forte, il faut du *tchen-cha*; on y ajoute encore du mercure. Si l'on veut un feu noir, il faut du *he-kiao-pi*. Si l'on veut des globes de feu, il faut du *kan-tsi* (vernis sec). Si l'on veut un feu qui aille contre le vent, on ajoute de la graisse de marsouin, du *kiang* et de la poudre des os de ces mêmes marsouins calcinés. Pour une poudre dont l'effet soit des plus prompts, il faut de la fiente de loup en poudre et du *pan-mao* également pulvérisé. Pour faire une poudre qui produise beaucoup de fumée, il faut, sur une livre de salpêtre, quatre onces de soufre qu'on aura fait bouillir dans de l'urine humaine, trois onces de charbon, une once de *tchang-nao* (cervelle de daim), un dixième d'once de *tsing-fen*, quatre onces de *pi-choang* et une livre de *che-hoang*.

« Pour faire la poudre qui pousse la fusée fort haut, il faut, sur une once de salpêtre, trois dixièmes d'once de soufre, quatre centièmes d'once de *mi-to-sing*, et trois dixièmes d'once de charbon. On se servait de ces sortes de fusées pour donner des signaux pendant le jour. Pour les fusées de signaux pendant la nuit, sur quatre onces de salpêtre on mettait deux dixièmes d'once de soufre et une once de charbon.

. . . . « Pour la composition de la poudre des pétards, etc., sur dix onces de salpêtre, il faut six onces de soufre, trois onces de charbon de calebasse et une once de *che-hoang*.

« Pour la poudre qu'on emploie dans les gros canons, sur seize onces de salpêtre on met six onces de soufre, six onces plus huit dixièmes d'once de charbon de calebasse ou de béringène, ou simplement de saule. Il faut que le salpêtre soit purifié jusqu'au dernier degré et qu'il ne laisse pas le moindre marc....

« La poudre ordinaire doit se préparer, suivant mon auteur, de la manière suivante : il faut être muni d'une balance qui soit juste; il faut que le soufre qu'on emploie soit bien purifié et réduit en poudre impalpable de même que le salpêtre, et

quand l'un et l'autre sont en des doses proportionnées, on les mêle et on les passe sur un marbre avec
un cylindre de pierre. On y joint alors la poudre
de charbon, et l'on met le tout dans l'eau pour le
délayer et le réduire en pâte. On repasse cette pâte
sur le marbre comme auparavant. Quand elle est
bien moulue et dans un état de consistance suffi-
sant, on la retire pour la faire sécher au soleil.
Après qu'elle est sèche, on la remet sur le marbre
et on la manipule jusqu'à ce qu'elle soit réduite en
poudre. Plus cette poudre est fine, meilleure elle
est ; elle sert à toutes sortes d'usages. »

Arrêtons-nous pour faire quelques observations
sur ce qui précède. Cette phrase : «*Les Chinois employaient la poudre* (chen-ho-yo) *soit dans les combats, soit pour mettre le feu au camp des ennemis,
il n'est pas dit comment,* ne tend-elle pas à prouver
que le mot chinois, que le père Amiot traduit par
poudre, n'exprimait qu'une composition incendiaire ?

*La poudre qui va contre le vent* est probablement une composition *volante*, et la fumée s'avan-
çait contre le vent en même temps que la fusée.

Le camphre, le mercure, le vernis employés par
les Chinois, se retrouvent dans le manuscrit de Hassan et dans le *livre de Canonnerie.* On a aussi remarqué dans ces ouvrages quelques traces de matières
animales employées en grand nombre dans le traité
de *Marcus.*

Remarquons les mots relatifs à la fabrication de

la poudre pour les gros canons : *il faut que le salpêtre soit purifié jusqu'au dernier degré.* Ces mots
prouvent encore que ce qui a constitué la différence entre la poudre à canon et la poudre d'artifice, c'était le degré de pureté du salpêtre. Rap-
prochons les expressions : *on les passe sur un marbre avec un cylindre de pierre* de celles de l'écrivain
arabe : *frotte le tout sur ton marbre ;* nous verrons
que la manière d'opérer était la même chez les deux
peuples.

Le père Amiot donne quelques détails de plus
dans les légendes des figures.

*Flèche à feu* (1). Fig. 5 (planche **XV**). *On y distingue le réservoir de la poudre et la mèche à mettre le feu.*

« Il faut que le tuyau où on met la poudre soit
extrêmement droit, qu'il n'ait guère que quatre
pouces de long, et que son extrémité soit à deux
pouces de distance du fer. Une flèche ainsi lancée
équivaut au coup de fusil le plus fort. »

Voilà le premier exemple de la fusée attachée à
une flèche, à laquelle elle communique le mouvement. Il est probable que c'est de cette manière que
l'on apprit à mettre une baguette à la fusée, pour
diriger son mouvement dans l'air. Quoi qu'il en
soit, il est certain que ce projectile n'était redoutable ni par sa vitesse, qui était nécessairement très

---

(1) *Mémoires sur les Chinois,* tome VIII, page 360.

raible, ni par sa combustion qui s'opérait à la partie postérieure. Il n'est donc pàs étonnant que les Arabes n'en aient pas adopté l'usage.

Est-ce bien à un coup de fusil que l'écrivain chinois compare cette flèche? ou est-ce le traducteur qui a introduit une arme qu'il connaissait à la place d'une autre? L'examen du texte serait nécessaire pour décider cette question.

*Tonnerre de la terre.* Pl. XV, fig. 8.

« C'est un globe de fer, creux en dedans; il doit être assez grand pour contenir un boisseau de poudre. On comprime cette poudre autant qu'il est possible, en la battant fortement, à mesure qu'on l'insinue par l'ouverture. On mêle de la mitraille avec la poudre autant que l'on veut; on enfouit ensuite ce globe à un pied ou deux de profondeur, dans l'endroit où l'on prévoit que l'ennemi doit passer. On multiplie ces globes autant qu'il en est besoin pour l'effet qu'on se propose, et on les place à quelque distance les uns des autres. On a des cordelettes soufrées qu'on insinue par une de ses extrémités dans le globe. Celui qui doit mettre le feu, et qui est à quelque distance, tient l'autre extrémité. On cache cette cordelette dans des tuyaux de bambou qui sont enfouis en terre et se communiquent; de sorte que la mèche porte en même temps le feu à tous ces globes. Ce stratagème était souvent employé par *Koung-ming*, qui s'en servit en particulier contre les Tartares, dont il fut presque toujours vainqueur.

« Il était général d'armée sur la fin des Han, c'est-à-dire vers l'an 200 de l'ère chrétienne, et on ajoute qu'il avait pris dans les livres des anciens guerriers cette manière de faire la guerre. »

Le père Amiot rapporte-t-il bien fidèlement les faits ? c'est ce que nous ne pouvons pas juger ; mais l'emploi qu'il indique du *tonnerre de la terre* n'est pas impossible, même en admettant que la composition renfermée dans le globe n'était pas *explosive*, mais seulement *fusante* à l'air ; elle pouvait devenir explosive dans la circonstance où elle se trouvait placée, quand le globe recouvert de terre, ne laissait plus échapper les gaz que par le conduit étroit qui avait servi à mettre le feu ; il pouvait arriver que la température et la tension des gaz augmentassent assez pour qu'il y eût explosion, à peu près comme dans le pétard décrit par Marcus. Peut-être est-ce du *tonnerre de la terre* que sont venus les mots *readat* et *truenos* que nous avons trouvés chez les Arabes et chez les Espagnols.

*Feu dévorant.* Fig. 9 (planche XV).

« On emploie cet artifice dans un siége ou dans un combat naval. On prend un globe de papier enduit en dehors de résine, d'huile et de cire jaune ; on remplit ce globe de poudre mêlée de résine et

de mitraille ; on y met le feu au moyen d'une mèche et on le lance sur l'ennemi. »

Ce projectile avait une enveloppe si mince, qu'il
ne pouvait pas être lancé un peu loin. C'est là probablement ce qui a fait changer la nature de l'enveloppe. En la rendant plus solide et en pratiquant
des ouvertures pour laisser passer la flamme, on
donna naissance aux marmites dont les Arabes faisaient usage.

### *Tuyau de feu.* Fig. 3 (planche XV).

« On choisit parmi les bambous qu'on nomme
*mao-tchou* (ils sont plus forts que les autres) ceux
qui sont les plus ronds et ont au moins deux pieds
et deux dixièmes. On les lie fortement avec des cordes de chanvre pour empêcher qu'ils ne se fendent.
On enchasse chaque tuyau dans un manche de
bois fort, au moyen duquel on le tient à la main ;
le tuyau et le manche pris ensemble ne doivent pas
avoir plus de cinq pieds. On le charge de plusieurs
couches de poudre diversement composées, et par-
dessus l'on met une balle faite avec une certaine
pâte. Ces balles sont au nombre de cinq. La portée
de ces balles est d'environ cent pieds, et leur effet
est d'embraser. »

Ce sont là les *massues à asperger* des Arabes,
probablement *les tubes de main* de l'empereur
Léon, et très certainement les *trompes* ou *trompettes*
des artificiers italiens et français du seizième siècle.

Nous extrairons maintenant quelques passages d'un ouvrage récent qui se rapportent à notre sujet. Le premier de ces passages est fondé sur l'Histoire de la dynastie chinoise des Thang, publiée par le père Gaubil (*Mémoires sur les Chinois*, tom. XV et XVI).

*Usage des canons ou pierriers en Chine dans l'année* 757 (1).

« Pendant que le général tartare *Ngan-lou-chan* s'efforçait de s'emparer de l'empire chinois, un de ses lieutenants, d'origine turque, nommé *Chisseming*, avait entrepris avec une armée de quatre-vingt mille hommes le siége de *Taï-youan-fou* capitale de la province du Chansi. *Li-kouang-pi*, général de l'armée des Thang, avec dix mille hommes de bonnes troupes, était entré dans la ville, bien résolu à périr ou à conserver cette place à l'empereur. Il réunit beaucoup de vivres et de provisions, pratiqua des souterrains, et fit une seconde enceinte en dedans des murailles. La ville avait quatre lieues de tour ; les habitants étaient bien intentionnés et résolus à se défendre. Le général fit faire des canons ou pierriers pour lancer des pierres de douze livres : la projection était de trois cents pas......On ne dit pas, ajoute le père Gaubil, quel était l'artifice des machines ou canons à lancer des pierres, ni celui des souterrains : on suppose cela bien connu. »

C'est qu'en effet rien, dans ce passage, n'autorise

---

(1) *Univers pittoresque*, Chine, par M. Pauthier, page 316.

à croire qu'il soit question de canons. Dans tous les temps il a existé des machines pour lancer des pierres ; dans tous les temps on a fait usage, pour la guerre des siéges, de souterrains appelés mines ou contremines.

Corneille de Pauw ayant, dans ses *Recherches sur les Égyptiens et les Chinois,* contesté la priorité des Chinois dans la culture de certains arts, les jésuites de Péking rédigèrent à ce sujet quelques remarques qui ont été publiées dans le recueil des mémoires sur les Chinois (1). On y lit : « L'an 969 de Jésus-Christ, seconde année du règne de Taï-tsou, fondateur de la dynastie des Song, on présenta à ce prince une composition qui allumait les flèches et les portait fort loin. L'an 1002, sous son successeur Tchin-tsong, l'on fit usage de tubes qui lançaient des globes de feu et des flèches allumées à la distance de sept cents et même de mille pas. » Les missionnaires ajoutent que, suivant plusieurs savants, ces inventions remontaient avant le huitième siècle, et que, selon Kieou-sun, elles passèrent chez les Tartares vers la fin du onzième siècle. Tout ce qui résulte de ce témoignage, c'est que les Chinois connaissaient dès lors l'usage des artifices de guerre ; mais il y avait encore bien loin de là à la connaissance de la poudre à canon.

Les historiens chinois, en parlant des tentatives

---

(1) Tome II, p. 492.

qui furent faites par les Tartares, peu de temps après la mort de Gengis-Khan, pour envahir l'empire céleste, font mention de moyens extraordinaires qui furent mis en usage en 1232, par le gouverneur de la ville chinoise de Kaï-foung-fou, alors nommée Piang-king. Voici ce qu'on lit dans l'histoire de la domination des Tartares ou Mongols en Chine, pendant les treizième et quatorzième siècles, par le père Gaubil, qui nomme les Tartares, *Mongous* (1) : « Le gouverneur demanda aux marchands une grande quantité de pièces de soie, et en fit faire des bannières qu'il arbora sur les murailles. Il inventa des machines à jeter des pierres, et elles pouvaient être servies par un petit nombre de personnes. Par ce moyen il jetait des quartiers de pierre jusqu'à cent pas, et si juste, qu'il atteignait où il voulait. Les flèches venant à lui manquer, il se servit de celles que l'ennemi lui lançait; il les faisait couper en quatre, et, les ayant armées avec des deniers de cuivre, il les mettait dans un cylindre, ou tube de bois d'où il les lançait sur les ennemis comme des balles partant d'un mousquet. » (Il s'agit probablement ici d'un canal d'arbalète qui servait à diriger une flèche plus courte.) « Ce général fatigua si fort les Mongous durant trois mois, quoiqu'ils fussent

---

(1) Histoire de Gentchiscan et de toute la dynastie des Mongous ses successeurs, conquérants de la Chine; tirée de l'histoire chinoise; Paris, 1739, in-4°; p. 68 et suiv.

au nombre de trente mille hommes, qu'ils furent obligés de lever le siége. »

Cependant les Mongols revinrent à la charge, commandés par un autre général qui attaqua vivement *Kaï-foung-fou.* Les assiégés continuèrent à se défendre vigoureusement. « Ils jetaient sur les assiégeants des boulets faits de toutes sortes de pierres. Les Mongous n'en avaient pas de cette forme; mais ils faisaient briser des meules en plusieurs quartiers, et, par le moyen de plusieurs *pao* ou catapultes, ils lançaient aussi jour et nuit des pierres contre les murs de la ville. Ils renversèrent les tours des angles et les créneaux ; ils rompaient même les plus grosses pièces de bois des maisons voisines. Les assiégés, pour les préserver, les enduisaient de fumier de cheval et de paille de blé; ils recouvraient le tout de feutre et autres matières molles pour amortir les coups de pierre. Les Mongous se servirent alors de *pao* (ou canons) à feu. Le feu se communiquait avec tant de vitesse, que l'on avait beaucoup de peine à l'éteindre... Dans ce temps-là, on avait dans la ville des *pao* à feu qui jetaient des pièces de fer en forme de ventouse. Cette ventouse était remplie de poudre. Quand on y mettait le feu, cela faisait un bruit semblable à celui du tonnerre et s'entendait de cent li (environ dix lieues). L'endroit où elle tombait se trouvait brûlé, et le feu s'étendait à plus de deux mille pieds (c'est-à-dire qu'il brûlait une circonférence de deux mille pieds). Si ce feu atteignait les cuirasses de fer, il les perçait de part en part. Quand les Mongous se furent logés au pied de la muraille pour la saper, ils se tenaient à couvert dans des mines creusées sous terre. Les assiégés, pour les déloger, attachaient de ces ventouses dont j'ai parlé à des chaînes de fer, et les faisaient descendre du haut des murailles. Quand elles parvenaient ou dans les fossés ou dans les chambres souterraines, elles prenaient feu par une mèche, et désolaient les assiégeants. Ces ventouses de fer, et les hallebardes à poudre et volantes qu'on jetait, étaient ce que les Mongous craignaient le plus. »

Dans la description de la *marmite de l'Irac*, on a vu les mots : « *Tu prendras une marmite comme le ventilateur des Orientaux.* » La ventouse dont il est ici question, doit être le même projectile lancé comme les pierres par la machine à fronde. Observons que le mot *tonnerre* est appliqué à ce projectile quoique dans tout le passage il ne soit parlé que de poudre à incendie. *Les hallebardes à poudre et volantes* sont sans doute les flèches à mangonneau qui étaient usitées chez les Arabes.

On ne peut que louer la sage réserve du P. Gaubil, dans la traduction de ces passages, qu'il a accompagnés de la note suivante :

« Je n'ai pas osé traduire par *canon*, les caractères *pao* et *ho-pao* ; un de ces caractères a à côté le caractère *ché, pierre*, et c'était une machine à lancer des pierres. L'autre caractère est joint au caractère *ho, feu*, et je ne sais pas bien si c'était un canon

comme les nôtres. De même, je n'oserais assurer
que les boulets dont il est parlé se jetaient comme
on fait aujourd'hui. »

On verra plus loin ces boulets de pierre lancés
par les machines à fronde.

« Pour ce qui regarde les pièces de fer en forme
de ventouse, je n'ai pas osé également mettre le
mot bombe. Il est cependant certain que les Chinois ont l'usage de la poudre depuis plus de 1600
ans, et jusqu'à ces temps-ci on ne voit pas trop
l'usage qu'ils en faisaient dans les siéges ; il pourrait
se faire que les Chinois aient quelquefois perdu l'art
de servir l'artillerie ; ou peut-être les boulets et
les ventouses dont il est parlé, n'étaient que de
l'invention de quelques particuliers, et n'étaient pas
transmis à d'autres. »

Toutes ces difficultés qu'expose si consciencieuse-
ment le Père Gaubil, sont maintenant levées pour
le lecteur, et nous n'avons rien à ajouter à ce qui a
été dit précédemment.

On lit ce qui suit (1), dans l'histoire de la dynastie des Song, sous la date 1259 de Jésus-Christ :
« Dans la première année de la période Khaï-king,
l'on fabriqua une arme appelée tho-ho-tsiang, c'est-

---

(1) Livre 197, fol. 14, verso (vol. 113 du recueil des *Vingt-
quatre historiens de la Chine*, qui se trouve à la Bibliothèque
royale). La traduction de ce passage nous a été communiquée par
M. Stanislas Julien.

à-dire, lance à feu impétueux. On introduisait *un nid de grains* dans un long tube de bambou auquel on mettait le feu. Il en sortait une flamme violente, et ensuite *le nid de grains* était lancé avec un bruit semblable à celui d'un pao, qui s'entendait à une distance d'environ cent cinquante pas. »

Ce passage nous paraît renfermer l'emploi des pois chiches, dont Hassan nous avait donné de nombreuses recettes, sans en indiquer l'usage. Il a même l'avantage de faire connaître le chargement de la lance de guerre sur laquelle l'auteur arabe ne fournissait également que des données incomplètes. Peut-être c'est ici la première origine de cette arme dont on voit bientôt après l'usage chez les Arabes.

Nous allons maintenant passer au siége de la ville chinoise de Siang-yang, par les Tartares qui ne tardèrent pas à s'emparer de toute la Chine. On était alors dans l'année 1271 de Jésus-Christ, et les Tartares obéissaient au khan Koublaï.

*Canons, catapultes ou machines à lancer des pierres, employées dans les siéges* (1).

« Parmi les officiers généraux qui commandaient au siége de *Siang-yang*, était un oigour appelé *Ali-yaya*, qui avait une grande connaissance

---

(1) Chine, par M. Pauthier, page 356 (*Histoire de Gentchiscan*, par le père Gaubil, pag. 155).

des pays occidentaux; il savait la manière dont on y faisait la guerre. En 1271, il proposa à l'empereur Hou-pi-lie (Koublaï) de faire venir de l'Occident plusieurs de ces ingénieurs qui savaient, par le moyen d'une machine que le chinois nomme *Ki* (machine à ressort imprimant un mouvement), lancer des pierres de cent cinquante livres pesant. Ces pierres faisaient, dit-on, des trous de sept à huit pieds dans les plus épaisses murailles. Deux de ces ingénieurs européens furent appelés en Chine sur l'ordre de l'empereur. Les machines qu'ils construisirent furent employées dans plusieurs siéges, et contribuèrent beaucoup au succès des assiégeants.

Remarquons, avant d'aller plus avant, que les machines dont il est ici question, sont probablement les *machines à fronde* auxquelles on venait d'ajouter un perfectionnement important, celui de les mettre en mouvement par des contre-poids, au lieu de recourir à la force des bras. Cette machine ainsi modifiée, devait lancer les projectiles lourds plus facilement et plus loin que les projectiles légers; aussi, toutes les fois qu'il est question de projectiles très considérables, et que rien n'indique l'emploi des canons ou bombardes, il est toujours vraisemblable qu'ils sont lancés par les machines à fronde. Nous avons déjà parlé de ces machines, p. 48 et 49; et elles sont représentée plan. II, fig. 31 et 33, pl. III, fig. 36 et 38, pl. IV, fig. 1, pl. V, fig. I, et pl. VI.

Nous dirons encore qu'il n'est nullement question de canons, mais de machines à fronde, dans le passage suivant de la relation de Marco-Polo qui se rapporte au même siége (1) :

« Or, sachiés que quant les host (armées) dou « grant khan fu demorés à l'ascie (siége) de cest « cité de *Saianfu* (Siang-yang-fou) trois anz, et il « ne la pouvait avoir ; il en avait grant ire. Et « adonc meser Nicolau et meser Mafeu et meser « Marc (le père, l'oncle de Marco-Polo et lui-même) « dirent : Nos vos troveront voie par coi la ville se « rendra maintenant ; et celz de l'host (armée) di- « rent que ce volent-il volontier. Et toutes cestes « paroles furent devant le grant khan ; car les me- « sajes de celz de l'host estaient venus por dire au « grant sire comant il ne povaient avoir la cité par « ascie. Le grant sire dist : il convient que il se face « en tel maînère que cel cité soit prise. Adonc dirent « les deux frères et lors fils meser Marc : grant sire, « nos avon aveke nos en nostre mesnie homes que « firont tielz mangan que giteront si grant pieres « que celes de la cité ne poront soffrir, mais se ren- « dront maintenant.....

.... « Le grant sire (*Hou-pi-lie*) dit à meser Ni- « colau et à son frère et à son fils que ce voloit-il « moult volontier, et dit que il feissent faire cel « mangan au plustot qu'ils poront. Adonc meser « Nicolau et ses frères et son fils que avaient en lor « masnée un Alamamz et un Christien Nestorin que

---

(1) Édition de la Société de géographie, page **161**.

« bon mestre estaient de ce faire, lor dirent que il
« feissent deux mangan ou troiz qui gitassent pierres
« de trois cents livres, et cesti deux firent trois biaus
« mangan. Et quant il furent fait, le grant sire les
« fait aporter dusque à sez host que à l'ascie de la
« cité de *Saianfu* estoient et que ne la poient avoir,
« et quant les trabuc furent venus à l'host, il les
« font drizer, et aux Tartars sembloie la plus grant
« merveille du monde. »

D'un autre côté, Raschid-eddin, écrivain persan
contemporain et qui, en sa qualité de ministre du
khan tartare de Perse, était au courant des événe-
ments, dit qu'une partie des machines qui furent
employées au siége de Siang-yang, étaient l'ouvrage d'ingénieurs arabes (1).

Le récit de Marco-Polo, témoin oculaire, et les
récits correspondants de l'écrivain chinois et de l'é-
crivain persan, montrent suffisamment que les machines qui, en 1271, furent employées au siége de
Siang-yang-fou, étaient l'ouvrage d'ingénieurs
arabes ou européens, et que les ingénieurs tartares
n'étaient pas en état d'en faire autant. Voici maintenant un témoignage chinois qui prouve que ces
machines étaient au-dessus de l'intelligence des Chinois eux-mêmes. Ce témoignage est tiré de l'histoire
de la dynastie des Song (2).

---

(1) *Histoire des Mongols*, par M. d'Ohsson; La Haye, 1834,
tom. II, p. 391.

(2) Recueil déjà cité. Ce passage nous a été également communiqué par M. Stanislas-Julien.

« Dans la neuvième année de la période *Hien-chun* (1273 de Jésus-Christ), les villes frontières étant tombées au pouvoir des ennemis (Tartares), on imita les pao des hoei-hoei (mahométans); mais en les imitant on les perfectionna d'une manière ingénieuse, et l'on construisit des pao différents et bien supérieurs. De plus on imagina un moyen extraordinaire de paralyser l'effet des pao des ennemis; avec des tiges de riz on fabriqua des cordes grosses de quatre pouces et longues de trente-quatre pieds. On réunissait vingt de ces cordes ensemble; on les attachait du haut en bas des maisons, et on les couvrait d'une épaisse couche d'argile. De cette façon les flèches à feu, les pao à feu, et même les pao qui lançaient des pierres du poids de cent livres, ne pouvaient causer aucun dommage aux tours ni aux maisons. »

Ainsi les progrès que la nécessité de se défendre suggéra aux Chinois, dans l'art de la guerre, ne furent qu'un emprunt fait soit aux Arabes, soit aux guerriers de l'Occident (1). Il y a plus; ce qui est

---

(1) Le Père Gaubil, dont l'opinion est d'un grand poids dans ces matières, a cru que les nouvelles machines avaient déjà été employées par les Chinois en 1232, au siége de Kaï-Foung-Fou; mais il reconnaît que les contemporains en jugèrent tout autrement. Voy. son *Histoire de Gentchiscan*, p. 157. Tout ce qu'aurait pu dire le Père Gaubil, c'est que les nouvelles machines étaient les mêmes que les anciennes machines, mais modifiées et perfectionnées.

dit des perfectionnements apportés à cet art par les Chinois, prouve d'une manière irréfragable que les machines les plus redoutables usitées à cette époque dans l'Asie orientale, n'étaient pas autre chose que des catapultes destinées à lancer des pierres plus ou moins lourdes, ou des engins propres à vomir des matières incendiaires. Or, c'est précisément ce que le lecteur a déjà vu chez les Arabes.

Résumons en peu de mots ce qu'on a recueilli sur les Chinois. Ibn-Al-Baythar nous a appris que le salpêtre était appelé *neige de la Chine*, par les anciens médecins d'Egypte; quand plus tard on le prépara en cristaux, il fut nommé par le vulgaire *bároud*, c'est-à-dire *en forme de grêle*. Ainsi on ne peut guère douter que les Arabes n'aient reçu le salpêtre des Chinois qui ont appris les premiers à le préparer. Les expressions de Hassan Alrammah, *la roue de la Chine, la fleur de la Chine, la fleur de la Chine sans amorce, la lance avec la flèche de la Chine*, prouvent encore qu'avant la fin du treizième siècle, les Chinois faisaient usage des compositions salpêtrées pour les artifices et les armes de guerre, et que les Arabes leur empruntèrent certaines parties de leur art incendiaire; il est donc très vraisemblable, quoique non complétement prouvé, que les Chinois qui ont les premiers préparé le salpêtre, en ont aussi les premiers fait usage dans les artifices.

On trouvera dans l'Appendice, n° G., un mémoire écrit vers 1760, par un missionnaire français, le Père d'Incarville, pendant qu'il était en Chine(1).

Ce mémoire a pour titre : *Manière de faire les fleurs dans les feux d'artifice chinois* ; l'auteur n'a pas traduit des textes chinois ; il rend compte de ce qu'il a appris directement des gens de l'art, de ce qu'il a vu faire et de ce qu'il a fait lui-même. Dans ce mémoire, on retrouve d'abord le mot *fleur,* que nous avons vu employé chez les Arabes ; dans les compositions chinoises entrent le salpêtre, le soufre et le charbon de *saule,* l'orpiment, le camphre, l'indigo, l'arsenic, substances qui étaient employées par les Arabes dans leurs compositions. Une chose plus surprenante, c'est qu'on retrouve presque littéralement chez les Chinois la recette donnée par les Arabes, comme un *moyen d'enduire les corps, les armes, les navires et les chevaux, de manière à les préserver du feu.* On lit dans le mémoire du Père d'Incarville :

« Il y a une chose digne de remarque dans la manière dont les Chinois font la colle des cartouches de fusées ; c'est pour obvier aux accidents du feu, et pour empêcher les cartouches de crever. En délayant la colle par une livre de farine, ils jettent dedans une bonne poignée de sel marin. Avant de mettre sur le feu la farine délayée avec le sel, on détrempe de l'argile en consistance de boue un peu claire. Quand la colle est faite, on la retire du feu

---

(1) Ce Mémoire a été imprimé dans le *Recueil de l'Académie des sciences, savants étrangers,* tome IV. Année 1763.

et on y mêle à peu près autant *d'argile détrempée* qu'il y a de colle; on a dû par conséquent faire la colle bien claire, on mêle bien le tout ensemble, remuant avec un bâton; l'argile empêche le carton de prendre si facilement feu, et par là il est moins sujet à crever; le sel fait que le feu qui a pris au carton s'éteint promptement; sans cette précaution, l'on ne serait pas assez hardi pour tirer des fusées volantes dans les villages qui sont remplis de tas de paille, gros comme de petites meules de foin. Les Chinois disent que jamais il n'arrive d'accident avec ces cartouches faites de carton ainsi préparé. »

Les compositions d'artifice des Arabes ont trop d'identité avec celles des Chinois pour que les arts des deux nations n'aient pas une commune origine.

Quel est donc celui des deux peuples auquel appartient la priorité? Il ne peut guère rester de doute à ce sujet, du moins pour ce qui constitue l'enfance de l'art. Tous les écrivains que nous avons cités, le Père Amiot, le Père Gaubil, le Père d'Incarville, s'accordent à faire remonter l'emploi des compositions incendiaires chez les Chinois à une époque très antérieure à celle où les Arabes en ont fait usage.

Les Arabes ont vraisemblablement acquis la connaissance des procédés chinois, longtemps avant la première moitié du treizième siècle de l'ère chrétienne, époque où les Mongols, sortant de leurs déserts, se répandirent sur la surface de la plus grande partie de l'Asie. Pour les connaissances qu'ils ne possédaient pas encore, ils les acquirent nécessairement alors. Les tribus mongoles avaient eu de tout temps des rapports d'amitié et de guerre avec le gouvernement chinois, et elles ne purent rester étrangères aux arts que la civilisation avait enfantés dans l'empire céleste; elles firent à leur tour pénétrer les idées chinoises dans l'empire fondé par Gengis-khan, depuis la mer Égée et la Pologne jusqu'à la mer Orientale, depuis les glaces de la Sibérie jusqu'aux rivages brûlants de la mer de Perse. On vit alors les idées chinoises s'introduire en Mésopotamie, en Syrie, en Asie mineure et même en Egypte; d'un autre côté, un certain nombre d'Arabes et de Persans, dont quelques-uns étaient fort lettrés, allèrent chercher fortune en Tartarie et en Chine. De vastes provinces de l'empire céleste se trouvèrent confiées aux mains de musulmans, et l'on réforma à Pékin l'astronomie nationale d'après les travaux exécutés en Occident (1).

---

(1) Voy. la relation de Marco-Polo, témoin oculaire, ainsi que les extraits de l'ouvrage persan de Raschid-eddin, publiés par Klaproth, *Journal asiatique* d'avril et de mai 1833. On peut de plus comparer *l'Histoire de Gentchiscan*, par le père Gaubil, pag. 192, et *l'Histoire des Mongols*, par M. d'Ohsson, tom. II, pag. 376 et 478. Les Arabes et les Persans entretinrent des relations suivies avec les Chinois, aux huitième et neuvième siècles de notre ère. Ces rapports avaient lieu par terre, à travers l'Oxus et les déserts de la Tartarie, et surtout par mer. Ils cessèrent à la fin du neuvième siècle, par suite de troubles intestins qui désolèrent la Chine

Mais si les Arabes et les Persans empruntèrent aux Chinois l'usage du salpêtre, sans avoir encore l'idée de sa préparation en cristaux et sans connaître sa force projective, il est à croire que les Chinois eux-mêmes n'en savaient pas davantage : autrement pourquoi les Arabes et les Persans se seraient-ils arrêtés dès l'abord dans une voie, où ils ne purent ensuite s'avancer que d'un pas lent et incertain? Pourquoi les Chinois eux-mêmes ne tardèrent-ils pas à être dépassés par les Arabes et les peuples de l'Occident? Ainsi, nous sommes ramenés aux inductions que nous avaient fournies des textes authentiques ; ainsi tombe l'opinion exagérée que s'étaient faite plusieurs savants sur l'art des artifices de guerre chez les Chinois.

---

à cette époque. Voyez la relation arabe que M. Reinaud vient de publier en français, sous le titre de *Relation des voyages que les Arabes et les Persans faisaient dans l'Inde et en Chine, au neuvième siècle de l'ère chrétienne*. Paris, 1845, in-18. Mais dans cet écrit il n'est point parlé du tout de compositions incendiaires. Les rapports suivis entre les Arabes et les Chinois ne reprirent qu'au milieu du treizième siècle, après la conquête de la Chine par les Mongols.

# CHAPITRE VII.

Revenons maintenant sur nos pas pour expliquer au point de vue de la science, dans son état actuel, les phénomènes qui ont excité l'étonnement et l'admiration des siècles passés.

Les hommes ont probablement employé le feu, dès qu'ils ont cherché à se nuire ; et la tradition qui attribue à Alexandre le Grand l'emploi à la guerre des compositions incendiaires, n'offre rien d'invraisemblable ; car il est certain que des matières incendiaires furent employées et lancées plusieurs siècles avant notre ère. Thucydide, dans la relation du siège de Platée, Æneas le tacticien, Végèce, Ammien Marcellin et plusieurs autres auteurs en font mention. Dans la défense des villes, les huiles bouillantes, la poix fondue, substances qui, on le sait, restent liquides à une température très élevée, étaient, pendant l'assaut, jetées par les assiégés sur la tête des assaillants. La substitution d'une huile à l'eau bouillante était déjà un progrès de l'art, et le résultat d'une observation physique ; ce n'était que l'emploi de la chaleur et non de la flamme ; mais on recourait en même temps aux compositions incendiaires.

Pour produire un embrasement inextinguible, dit Æneas (1), « prenez de la poix, du soufre, de l'étoupe, de la manne, de l'encens et les ratissures de ces bois gommeux dont on fait les torches. Allumez ce mélange et jetez-le contre ce que vous voulez réduire en cendres. » Dans le chapitre précédent, il dit que si l'ennemi a mis le feu aux machines, il faut jeter du vinaigre dessus ; que non-seulement le vinaigre éteindra le feu, mais qu'on ne pourra pas le rallumer aisément. Héron, Philon, Vitruve indiquent tous le même expédient. Ils veulent que les matelas, les cuirs, dont on enduit les machines, soient trempés dans du vinaigre. D'où venait donc la propriété attribuée au vinaigre d'éteindre le feu qui, pensait-on, ne pouvait pas être éteint par l'eau ? C'est que le but qu'on se proposait dans les compositions destinées à la guerre, n'était pas seulement de faire agir une substance inflammable ; il fallait pour être utile, que cette substance s'attachât aux corps sur lesquels elle tombait ; il était pour cela nécessaire

---

(1) Chapitre 35 (édition de Leipsick, année 1818, pag. 108.)

que la composition formât un corps gras et gluant.
Aussi avons-nous vu que la poix ou les résines entraient presque toujours comme base dans ces recettes ; on y ajoutait des substances, comme le soufre, ayant la propriété de s'enflammer facilement,
c'est-à-dire, n'ayant pas besoin pour brûler d'une
haute température. Le phénomène ordinaire de la
combustion n'est pas autre chose que la combinaison, avec dégagement de chaleur et de lumière, de
la substance en combustion avec l'oxygène de l'air.
Comment l'eau éteint-elle un corps en combustion ?
De deux manières ; d'abord, elle lui enlève une
quantité de chaleur considérable qui est employée
à sa vaporisation ; ensuite elle s'étend sur la surface en combustion, et en la *mouillant*, elle intercepte sa communication avec l'air qui est nécessaire
pour alimenter cette combustion. Ceci bien établi,
reportons-nous au temps où, sans connaître comme
nous l'analyse de ces phénomènes, un philosophe
expérimentateur de l'antiquité voulait éprouver
une composition incendiaire, telle que celle décrite
par Ænéas. S'il la plongeait dans l'eau, avant de
l'allumer, il devait trouver qu'elle s'enflammait
après l'immersion aussi facilement qu'auparavant ;
s'il y versait de l'eau pendant qu'elle était enflammée, et que ce ne fût pas en quantité trop considérable, il devait voir la flamme, après avoir un moment diminué, reprendre bientôt toute son activi-
té. Cette composition, plus légère que l'eau, pouvait aussi brûler à sa surface.

Tous ces phénomènes s'expliquent pour nous très facilement, puisque cette composition formait une substance grasse, et n'était pas mouillée par l'eau qui, glissant sur sa surface, ne pouvait pas intercepter complétement la communication avec l'air.

Si le philosophe dont nous parlons, répétait les mêmes expériences, en remplaçant l'eau par le vinaigre, il devait trouver des résultats différents, parce que le vinaigre, par l'action de l'acide qu'il contient, non-seulement mouille, mais dissout même les substances grasses.

Les esprits éminents de ces époques reculées, réfléchissant sur ces phénomènes, arrivèrent, en les généralisant, à attribuer à ces compositions la propriété de donner une combustion que l'eau alimentait, et que le vinaigre seul pouvait éteindre; ou plutôt, il fut reconnu que l'urine et le sable l'éteignaient comme le vinaigre, ce qui vient à l'appui de notre explication; car l'urine agit par son acide, comme le vinaigre; pour le sable, en s'attachant avec force aux compositions grasses, il empêche le feu de se communiquer d'une molécule à l'autre, et il intercepte, bien mieux que l'eau, la communication avec l'air de la surface en combustion.

Outre les balles et les pot à feu, on lança des dards incendiaires, qui sont connus sous les noms de *falariques* et de *malléoles*. Voici ce qu'Ammien

Marcellin dit de ces derniers : (1) « Malleoli autem, teli genus, figurantur hâc specie : sagitta est cannea, inter spiculum et arundinem multifido ferro co-agmentata, quæ in muliebris coli formam, quo nentur lintea stamina, concavatur ventre subtili-ter et plurifariàm patens, atque in alveo ipso ignem cum aliquo suscipit alimento. Et si emissa lentiùs arcu invalido (ictu enim rapidiore extingui-tur) hæserit usquam, tenaciter cremat, aquisque conspersa acriores excitat æstus incendiorum, nec remedio ullo quam super jacto pulvere conso-pitur. »

On voit que du temps d'Ammien Marcellin, les compositions incendiaires avaient le grave incon-vénient de s'éteindre par un mouvement rapide.

L'art des feux de guerre avait pris naissance dans l'Orient, berceau de nos arts, de nos sciences et de notre civilisation ; la chaleur de ses climats, beau-coup moins humides que les nôtres, rendait ce mo-yen de guerre beaucoup plus efficace qu'il ne l'eût été dans nos pays pluvieux ; il n'est donc pas éton-nant que cet art ait grandi loin de nous, dans les contrées qui l'avaient vu naître. De ce que cet art ne nous intéresse plus sous le même point de vue, il ne faudrait pas en conclure qu'il était très facile et très limité. Il avait à résoudre un problème très

---

(1) Ammien Marcellin, liv. XXIII, chap. 4. Édition de Leipsick, tome I, page 318.

compliqué ; car il s'agissait de former par des com-
binaisons ou des mélanges, une substance que le
mouvement n'éteignît pas, qui pût s'attacher fortement aux corps sur lesquels elle tombait, et qui
pour être difficile à éteindre par l'eau, pût brûler
à une température peu élevée. Cette composition
devait surtout dégager par sa combustion la plus
grande quantité possible de chaleur, pour embraser les substances inflammables.

Dans cet ordre d'idées, tout ce qui présentait un
phénomène particulier de combustion devenait intéressant. La chaux vive, quand on y jette de l'eau,
dégage de la chaleur ; on la mélangea avec diverses
substances, parmi lesquelles on mit celles qui, comme
le soufre, s'enflamment facilement, et on produisit
le phénomène extraordinaire du feu allumé par
l'eau ; mais ce qui fit faire à cet art un pas immense,
ce fut la découverte de l'emploi du salpêtre. La
propriété distinctive de cette substance, c'est qu'elle
fuse, quand elle est projetée sur des charbons ar-
dents. En Orient, le salpêtre, dont la chaleur favo-
rise la formation, se trouve souvent à la surface du
sol ; il est beaucoup moins impur que celui que
nous récoltons dans nos climats ; en le mélangeant
avec des substances inflammables, on produisit des
combustions difficiles à éteindre, qui frappaient
vivement les imaginations ; car, par un excès de
généralisation qui se retrouve toujours comme principe des erreurs de ces temps éloignés, la propriété
d'être inextinguibles ne fut pas seulement attribuée

à ces compositions, mais à tous les embrasements qui en provenaient. Non-seulement ces compositions purent, sans s'éteindre, traverser l'air avec de grandes vitesses, mais on vit avec admiration qu'elles pouvaient elles-mêmes produire le mouvement.

L'état actuel de nos connaissances permet de reconnaître et d'expliquer le progrès immense que l'art des feux de guerre avait fait par l'introduction du salpêtre. Le nitrate de potasse, quand il se décompose, fournit une grande quantité d'oxygène; cet oxygène sert à la combustion des autres substances qui n'ont plus besoin du concours de l'air extérieur; c'est ce qui fait que les compositions salpêtrées dont la combustion n'a plus lieu seulement à la surface, mais pénètre dans l'intérieur, sont très difficiles à éteindre.

Nos canonniers savent tous aujourd'hui qu'ils ne peuvent pas empêcher leur *lance à feu* de brûler autrement qu'en la coupant; ils savent que, si pour l'éteindre ils mettaient le pied sur la partie coupée qui flambe à terre, ils brûleraient leur soulier sans y parvenir.

Ces phénomènes de combustion sont si ordinaires aujourd'hui, que personne n'y fait plus attention; mais si les chrétiens du moyen âge ont exagéré les effets des compositions diverses qu'ils appelaient *feu grégeois*, nous devons d'autant mieux admettre qu'elles méritaient leur admiration; car, nous le voyons, ce sont elles qui ont conduit par un travail long et assidu, à la merveilleuse invention de la poudre à canon, la force la plus terrible que les hommes aient encore appris à maîtriser.

Callinique avait emprunté aux peuples de l'Asie les compositions incendiaires qu'il porta aux Grecs vers l'an 670 ; avec ces compositions, dont plusieurs contenaient peut-être du salpêtre, il leur communiqua plusieurs moyens d'en faire usage. Les Grecs durent à cet art de nombreuses victoires navales ; leur feu était une arme terrible dans la guerre maritime, à une époque où les navires étaient obligés de s'approcher de près pour se combattre.

Les Grecs purent, après Callinique, perfectionner l'art qu'il leur avait apporté, et en étendre l'usage ; nous ne savons pas à quelle époque ils commencèrent à placer sur leurs vaisseaux les tubes qui lançaient la flamme ; mais il est certain qu'ils s'en servaient vers l'an 900, du temps de Léon le Philosophe. Sous son règne, on employa aussi des tubes de main ; ces tubes faisaient-ils seulement darder la flamme vers les objets sur lesquels ils étaient dirigés, ou lançaient-ils des pelotes de composition d'artifice ? Cette question ne pourrait être décidée qu'au moyen de détails plus précis que ceux que nous possédons. Quoi qu'il en soit, il est certain que l'importance du feu grégeois dut s'affaiblir, à mesure que les nations maritimes se familiarisèrent avec ses effets et apprirent à s'en garantir ; de là vient que les historiens commencent à n'en plus parler avec la même admiration, dès avant l'époque où Constantinople fut prise par les croisés français et vénitiens, en 1204.

Pendant les cinquante-sept années que des princes français régnèrent à Constantinople le secret du feu grégeois n'a pas pu rester caché aux hommes qui avaient quelques notions de chimie ; et c'ést probablement à cette époque que le traité de Marcus se répandit dans l'Occident. Mais alors les préjugés de l'ignorance se joignaient aux idées religieuses et aux sentiments chevaleresques, pour repousser l'emploi d'un art qui semblait rendre inutiles la force et le courage individuels.

Saint Louis et ses chevaliers, descendus en Egypte, en 1248, furent très effrayés des feux lancés par les Egyptiens de plusieurs manières différentes.

Les Arabes avaient cultivé avec soin l'art des feux de guerre, soit qu'ils fussent excités par les désastres que le feu des Grecs leur avait causés, soit qu'ils n'eussent eu (comme cela est plus probable) qu'à l'emprunter aux peuples de l'Asie. Ils en étendirent l'usage dans la guerre de terre, et ils attachèrent des compositions incendiaires à tous leurs traits, à toutes leurs armes ; ils les lancèrent avec toutes leurs machines. Cette extension était loin d'être aussi redoutable que l'ont cru les croisés. L'imagination des chrétiens de l'Occident leur faisait voir dans ces feux les produits d'un art surnaturel ; sans quoi, ils n'auraient pas tardé à reconnaître que ces artifices , bons contre les machines , étaient bien moins redoutables contre les hommes que les fers des piques, des lances et des épées.

Les compositions formées de salpêtre, de soufre et de charbon, inventées peut-être depuis longtemps, furent employées par les Arabes, pendant le treizième siècle, dans toutes les proportions. Il connurent le fait de la détonation ; mais tout en améliorant leurs compositions par l'emploi du salpêtre qu'ils parvinrent à purifier, ils durent s'efforcer d'éviter l'explosion, force dangereuse qu'ils n'avaient pas appris à maîtriser et à utiliser.

En nous occupant, dans la deuxième partie de cet ouvrage, de l'histoire de l'artillerie pendant les quatorzième et quinzième siècles, nous prouverons que l'on fit chez les nations chrétiennes l'emploi de la poudre à lancer les projectiles, très près de l'année 1300. Hassan-Alrammah, qui écrivait entre les années 1285 et 1295, ignorait cet emploi ; il est donc vraisemblable que ce n'est pas chez les Arabes que la découverte en fut faite. Quelques conjectures sur le pays où la première application en eut lieu pourront servir à diriger les recherches ultérieures.

Dans les douzième et treizième siècles, l'empire grec s'écroulait sous les coups des nations venues de l'Europe et de l'Asie. La guerre allumée entre les princes qui s'étaient partagé ses débris s'étendait jusqu'en Hongrie. Quand les croisés furent, en 1204, maîtres de Constantinople, les nations voisines durent, si elles n'étaient pas déjà parvenues à connaître la composition du feu grégeois, s'informer

14.

avec curiosité d'un art qui leur avait été antérieurement si funeste. Elles n'étaient pas retenues par
les raisons qui empêchaient les peuples occidentaux
d'en faire usage, puisqu'elles avaient à les employer
contre des adversaires qui s'en servaient eux-mêmes.
Il a dû arriver alors ce qui a lieu quand une découverte s'étend et se popularise ; les historiens dont
elle ne frappe plus l'imagination, n'en font plus
mention. Nous verrons cet effet se reproduire dans
l'histoire de l'artillerie, pour l'introduction des
principaux perfectionnements.

# CHAPITRE VIII.

QUELQUES CONJECTURES SUR LA CONTRÉE OU S'EST FAIT LE PREMIER EMPLOI DE LA POUDRE A CANON.

L'examen des ouvrages laissés par les chimistes du moyen âge a prouvé que ce n'est pas à leurs travaux qu'on est redevable de l'emploi de la poudre à canon pour lancer les projectiles. Cet emploi a dû, comme le montre le *livre de Canonnerie*, dériver de l'art qui faisait usage de cette poudre depuis longtemps, et c'est aux chimistes inconnus qui s'occupaient de cet art que la découverte appartient. Mais dans quelle contrée cela a-t-il eu lieu? Un manuscrit de la Bibliothèque royale vient aider les conjectures que l'on peut faire à ce sujet; c'est le manuscrit latin qui porte le n° 7239; il contient un grand nombre de beaux dessins coloriés d'instruments de guerre, tels que canons, bombardes et autres machines; c'est là que nous avons trouvé les

machines à fronde représentées planches IV, V et VI.
Le volume est précédé de la notice que voici :

« Ce manuscrit est venu du sérail de Constantinople en France, par les soins de M. Girardin, am-
bassadeur à la Porte. Voici un extrait de sa lettre
à M. de Louvois, en date du 10 mars 1687. »

*Je me suis adressé à un renégat italien , homme
d'esprit, qui est au service du seliktar, premier offi-
cier du sérail et favory du grand seigneur. Il a eu
permission de visiter les livres et de les communiquer, et m'ayant fait apporter en différentes fois ,
tout ce qu'il y a d'auteurs grecs qui ne consistent pas
en plus de deux cents volumes, je les ai fait examiner par le P. Bernier, jésuite, et par le sieur Marcel,
homme de lettres qui est auprès de moi, lesquels n'en
ont mis à part que quinze dont je joins ici le mémoire...*

*....J'y en ai adjouté un latin composé apparem-
ment dans le dernier siècle, qui contient quantité de
figures, d'instruments et machines de guerre et est
apparemment tombé entre les mains des Turcs, au
commencement des conquêtes qu'ils ont faites en
Hongrie.*

Ce manuscrit n'est pas tout entier consacré aux
machines de guerre ; il contient d'autres traités
écrits en langue italienne; sa date étant importante
pour éclairer la question que nous traitons , c'est la
première chose dont nous nous occuperons. Par la
date du manuscrit nous entendons celle où il a été
composé, et non pas celle où a été tracée l'écriture ,

l'exemplaire qui est sous nos yeux pouvant n'être
qu'une copie d'un ouvrage plus ancien.

La dernière feuille du traité sur les machines de
guerre est une carte de géographie, sur laquelle les
noms sont écrits en italien. Cette carte représente
les pays compris depuis les côtes de la mer Noire jusqu'à la Hongrie, et depuis le détroit des Dardanelles
jusqu'à la Valachie. Le Danube, qui va de l'ouest à
l'est, divise la carte longitudinalement en deux parties égales. Les villes figurées en perspective, sont
surmontées d'étendards. Cherchant à distinguer
celles de ces villes qui appartenaient aux chrétiens
de celles qui étaient au pouvoir des musulmans,
l'auteur a peint des croix sur les étendards des chrétiens, et des croissants sur ceux des Turcs. L'examen
de cette carte doit donc nous permettre, l'histoire
du Bas-Empire à la main, de retrouver l'époque où
le traité a été composé. Les Turcs n'ont pas encore
passé le Danube; leurs possessions d'Europe sont
toutes sur la rive droite de ce fleuve; elles s'étendent
le long des côtes vers la Morée, au delà de la limite
de la carte. Ils sont maîtres d'Andrinople, mais ne
le sont pas encore de Constantinople; autour de
cette ville, les chrétiens possèdent encore Péra, Sa-
lonbria (Selymbria ou Silivri), Richria (Heraclea
ou Erekli); Birchassi (Bourgas) est au pouvoir des
Ottomans, Belgrade au pouvoir des chrétiens; de
ce côté, Azara est la dernière possession des Turcs,
et Ahondin la ville chrétienne la plus voisine. Les
noms *Azara* et *Ahondin* paraissent altérés.

Le manuscrit remonte, d'après ce qu'on vient de voir, à une époque antérieure à celle de la prise de Constantinople, qui eut lieu en 1453.

En 1444 eut lieu près de Varna, ville située près de la mer Noire, une grande bataille entre les Turcs et les Hongrois; sur la carte sont figurées, vers le lieu où doit être située Varna, deux villes dont le géographe n'a pas mis le nom; il ne l'aurait probablement pas oublié, si la carte avait été faite très peu après la bataille : il est donc vraisemblable que la carte est antérieure à cette date. C'est en 1384 qu'Amurat acheva de se mettre en possession de presque tout le pays situé entre Andrinople et Constantinople, et de celui qui s'étend depuis Andrinople jusqu'à Thessalonique, aujourd'hui Salonique; c'est dans cette année qu'il s'empara de l'importante ville de Sofia; cette ville est marquée sur la carte, comme se trouvant au pouvoir des Turcs. Le manuscrit a donc dû être fait entre les années 1384 et 1444. Enfin, sur la carte il n'y a pas d'étendard sur la ville de Nicopolis; il semble que l'auteur ait été incertain si la ville appartenait aux musulmans ou aux chrétiens; or, en 1396, les chrétiens assiégeaient cette ville, et les Turcs, qui vinrent pour la secourir, remportèrent la célèbre victoire de Nicopolis qui leur assura la possession de la place. La date précise à laquelle cette circonstance placerait notre manuscrit, serait donc 1395 ou 1396.

Pour achever de prouver que ce manuscrit a été fait par un Italien, nous citerons le passage suivant qui se trouve à la suite de la description de quelques ponts roulants et de différentes machines hydrauliques (folio 17, verso) :

« Qui in Italiam vincere desiderat, ista instruat,
« Primo cum summo pontifice semper sit ;
« Secundo dominetur Mediolanum ;
« Tertio quod habeat astronomos bonos ;
« Quarto habeat ingegneri qui scire plurima ;
« Quinto quod tota navigia conducantur,
« Plenis lapidibus in canalibus.

Le manuscrit a donc été composé dans le Levant, par un Italien qui représentait les objets, tels qu'il les avait sous les yeux. Ce qui le rend important pour le sujet que nous traitons, c'est qu'il met sous nos yeux un plus grand nombre d'instruments et de machines à feu que nous n'en avons trouvé chez les Arabes, d'où l'on peut conclure que cet art, loin de s'être éteint mystérieusement, avait pris de nouveaux développements dans ces contrées.

Nous avons représenté (planches IV, V, VIII, IX, X, XI, XII et XIII), quelques-unes des machines qui servaient pour les compositions incendiaires auxquelles on attribuait la propriété de ne pouvoir pas être éteintes par l'eau. Dans le manuscrit la plupart des dessins sont accompagnés d'un texte, indiquant l'usage de la machine qui y est représentée. Ce texte est, presque chaque fois, terminé par les mots *ab aquá non extinguitur.*

La figure de la planche VIII est suivie d'une note ainsi conçue (folio 25, verso) :

« Istud domicilium ambulatorium portans secum perticas cum caldariis ardentibus untis tormentinâ, picé et sulfure bene contritis, et, in medio, stupa olio unta, de quibus fit incendarium quod ab aquâ non extinguitur. »

Ceci montre qu'on attribuait encore la propriété d'être hors de l'atteinte de l'eau, non-seulement à la composition elle-même, mais à l'incendie qu'elle allumait.

Nous n'avons pas trouvé dans ce manuscrit les mots *ignis græcus* ; ce qui vient sans doute de ce qu'alors, dans l'Orient, l'art des feux de guerre n'appartenait pas plus aux Grecs qu'aux autres nations belligérantes.

Les canons ou bombardes sont représentés en grande quantité, et nous aurons occasion d'y revenir dans la seconde partie de cet ouvrage; mais nous dirons dès à présent qu'il faut faire remonter l'emploi de l'artillerie à feu dans ces contrées, à une époque antérieure à celle où quelques historiens l'ont placée.

L'auteur du manuscrit dont nous parlons avait en vue l'art des machines et non celui des artifices de guerre; aussi n'y trouve-t-on que peu de détails à ce sujet. L'huile, la poix, le soufre et une substance ou composition qu'il nomme *tormentina*, sont les seuls éléments dont il fasse mention. Nous retrouvons le mot *tormentina* dans Valturio; on a déjà vu celui de *tourmentine*, qui en est probablement la traduction, dans le *livre de Canonnerie*; mais nous n'en connnaissons pas la signification précise. *Tormentum belli* était le nom donné, en latin, aux canons ; *tormentina* indique-t-il la poudre ou une composition dans laquelle la poudre entre ? Il nous paraît que du moins ici *tormentina* est synonyme d'*huile de térébenthine.*

Le feu grégeois, loin d'être perdu, était donc beaucoup employé à la guerre, dans la partie orientale de l'Europe, au commencement du quinzième siècle ; dans nos contrées, où l'usage de la poudre avait pris, comme nous le verrons, une grande extension, le feu grégeois était encore repoussé par les préjugés qui dominaient au temps de Bacon. Dans un manuscrit français de la Bibliothèque royale, contenant un traité de l'art de la guerre, composé par Christine de Pisan (1) sous le règne de Charles VI, on lit ce qui suit :

*Cy devise les garnisons qui affièrent a gent qui en armes vont sur mer.*

« Sy doivent combateurs en mer estre garnis de
« vaisseaulx plains de poix noire, de résine, de sou-
« fre et d'uille, tout ce confit ensemble enveloppé
« en estoupes ; et ces vaisseaulx alumés et embrasés

---

(1) Manuscrit français de la Bibliothèque royale, n° 7076, folio 77, conféré avec le n° 7087, folio 47. Voyez aussi l'ouvrage de M. Paulin Paris, *les Manuscrits français de la Bibliothèque royale*, tom. V, pag. 94 et 133.

« doit on lancier ès nefs et gallées des ennemis et
« tantost les assaillir fort afin que loisir n'ayent
« d'estaindre le feu. Et est as savoir qu'il est une ma-
« nière de faire et de composer certain feu lequel
« aucuns appellent fu grec, pour ce puet estre ainsi
« appelés que trouvés fu par les Grieus estant au
« siège devant Troye, si que dient aucuns ; celui art
« meesmement en yaue ; pierres, fer et toutes choses
« bruist, ne estre ne puet estaint fors par certaines
« mistions que on fait à l'estaindre, mais par eau
« non. Autressi se font certaines poisons si fortes
« et tant mortelles que fer qui en fust atouchiés
« et puis entrast au corps de l'omme jusques au
« sang sans plus, seroit la playe mortelle. Mais
« comme telles choses à faire ne enseigner pour
« les maulx qui s'en pourroient ensuivre soient
« deffendues et excommeniées, n'est bon d'en
« mettre en livres ne plus plainement en réciter,
« pour ce qu'à crestien n'appartient user de telles
« inhumanités qui meesmement sont contre tout
« droit de guerre. »

Remarquons que l'auteur ne parle pas du feu
grec comme d'une chose inconnue, mais comme
d'un moyen de guerre déloyal.

Ainsi l'usage des artifices de guerre ne s'était
pas propagé dans l'Europe occidentale ; il est très
vraisemblable que c'est dans l'Orient, précisément
dans les contrées situées depuis la Hongrie jusqu'aux bouches du Danube, que l'on apprit à
utiliser l'explosion de la poudre. Une circonstance

qui vient fortement appuyer cette conjecture, c'est que, dans notre manuscrit latin, on trouve (folio 52 recto) la description de l'emploi de la poudre dans les mines. Il est ainsi démontré que cette application eut lieu en Orient, peut-être plus de cent ans, mais certainement plus de cinquante ans, avant l'époque où elle fut mise en usage en Italie (1).

On remarque dans notre manuscrit latin des machines qui sont probablement celles auxquelles Roger Bacon faisait allusion, quand il disait connaître les moyens : *ut naves maximæ fluviales et marinæ ferantur unico homine regente ; ut pontes ultra flumina sine columnâ vel aliquo sustentaculo;* mais la description de ces machines nous ferait sortir du sujet que nous traitons.

L'artillerie à feu, née dans les contrées comprises depuis la Hongrie jusqu'à la mer Noire, a dû arriver dans l'Europe occidentale par deux voies différentes, par l'Allemagne et par l'Italie. Des recherches postérieures faites dans la Hongrie et dans les côntrées orientales de l'Europe, mettront peut-être sur la voie de quelque manuscrit qui indiquera d'une manière précise chez quel peuple s'est fait le premier usage de la poudre.

---

(1) La planche VII renferme le fac-simile du texte qui sert à prouver ce fait très important. On trouvera quelques détails à ce sujet dans l'explication des planches.

Nous devons rappeler que beaucoup d'hommes des diverses nations occidentales allaient alors aider dans l'Orient les chrétiens à combattre les infidèles. Dans le douzième siècle les Français dirigeaient (dit-on) les Hongrois dans l'art des siéges (1); il se pourrait donc que les nations de l'Europe occidentale eussent leur part dans la découverte faite en Orient, et le *livre de Canonnerie*, qui garde une empreinte si bien marquée des premiers pas de l'art, semble indiquer que les Français n'y ont pas été étrangers.

---

(1) Lebeau, *Histoire du Bas-Empire*, tom. XVI, pag. 16; édition de MM. Saint-Martin et Brosset.

# CHAPITRE IX.

LES COMPOSITIONS INCÉNDIAIRES EMPLOYÉES EN OCCIDENT, APRÈS
L'INTRODUCTION DE LA POUDRE A CANON.

---

Nous allons maintenant prouver par de nombreux exemples, que l'usage du feu grégeois finit par se répandre dans l'Occident. Froissard en fait plusieurs fois mention; nous nous contenterons de citer un passage de ses Chroniques. En racontant le siége du château de Romorentin par le prince de Galles, Froissard dit, au sujet des Anglais (1) : « Si « ordonnèrent à apporter canons avant et a traire « carreaux et feu gregeois dedans la basse cour : si « cil feu s'y vouloit prendre, il pourroit bien tant « multeplier qu'il se bouteroit au toit des couver-

---

(1) Chroniques de Froissard, édition de Buchon, grand in-8°. Paris, 1837, tome I, page 337.

« tures des tours du châtel......Adonc fut le feu
« apporté avant, et trait par bombardes et par
« canons en la basse cour, et si prit et multiplia
« tellement que toutes ardirent. » Ici le feu grégeois n'est employé qu'à incendier des bâtiments,
et non pas dirigé directement contre des hommes.

Robert Valturio, qui écrivait son traité *de re
militari*, vers l'an 1450, parle du feu grégeois
comme d'une chose connue.

*Ce qui est nécessaire au rencontre des deux armées.*

« Si les ennemis ont une armée de mer, il y a
« une invention d'une prompte défaite des navires
« par les Grecs. On appelle feu grégeois (ignem
« græcum appellant) une certaine confection et
« bouillement de charbon de saux, de salpêtre,
« d'eau-de-vie, de soulphre, poix, encens avec du fil
« fait de laine molle de l'Etiopie, laquelle (qui est
« un cas merveilleux) ard toute seule en l'eau brus-
« lant toute matière. Callimache, architecte fugitif
« de l'Helepole, l'apprint premier aux Romains :
« du quel aussi véritablement les chefs se sont aydé
« contre les ennemis. Comme de vray du temps de
« l'empereur Léon, les peuples orientaux eussent fait
« un voyage de mer contre Constantinople avec
« mille huict centz fustes, et les défit tous de cette
« manière de feuz dressant contre eux navires à
« feu. Et depuis peu de temps après, il défit avec
« le même feu quatre centz vaissaux ennemis et de
« rechef trois centz.

« Il en est qui usent d'un autre feu qui se lance,
« semblable à cest autre, mais de plus violente ar-
« deur, en y ajoutant du vernix liquéfié, huile de li-
« braires, pétrolée, tormentine, délayez en fort vi-
« naigre, et pressez puis dessechez au soleil, et après
« enveloppez d'étoupes avec pointes de fer aiguës
« en saillie et en façon d'un ploton faict de fil.
« Toutes lesquelles choses soient oinctes (excepté
« le trou) de colophone et soufre, comme il s'en-
« suit (1). »

Dans un autre endroit, Valturio, parlant des
malléoles, dit : (2) « Or au dedans de ce malléole,
« il y a une pâte et un nourrissement de feu inex-
« tinguible faict de collophone, souphre et salpêtre,
« qu'ils appellent nitre : tous liquefiez en huyle de
« laurier, selon les autres en huyle petrolée, gresse
« d'ouaye, mouelle, canne ferule et soufre; » (il est
facile de reconnaître là une recette de Marcus) « et
« selon aucuns huyle d'olive, d'oint de la colopho-
« ne, camphre, poix rasine et estoupes. »

Le nom du feu grégeois se retrouve chez presque
tous les auteurs de pyrotechnie du seizième siècle,
sans qu'aucun d'eux parle de la perte qu'on aurait
faite du secret de sa composition.

Nous allons indiquer, d'après ces auteurs, les
instruments à feu en usage de leur temps.

---

(1) Valturio, traduction de Maigret.—Paris, 1555, folio 187.
(2) Ibid. folio 142, verso.

(Folio 29, verso.—Chapitre 31.)

*Autre manière pour faire une lance à feu* (1).

« Premièrement, pour faire une lance à feu,
« vous fault faire une trompe de bois qui ne
« soit point fentis, et de la longueur de trois pieds
« et demy ou de quatre pieds, et la percez de la
« grosseur pour mettre un petit esteuf et qu'il
« y ait un entre deux d'un poulce de long et demy
« pied d'un des boutz pour mettre un baston à la
« dicte trompe de huict piedz pour la tenir et
« jecter, et puis liez vostre dicte trompe de petite
« corde de trois doigz de long au lieu ou se met
« la pouldre près le baston et de demy pied après
« l'autre, et ainsi de demy pied en demy pied
« jusques au bout, après la couvrez de poix fon-
« due pour la garder contre la pourriture, puis
« la faut charger en la manière qui s'en suit :
« prenez une livre de souffre mis en poudre, une
« livre de poudre grosse sans grener et mise en
« poudre, trois livres de salpetre aussi mis en
« poudre, une unce de camphre batu avec le dit
« souffre, et deux unces de vif argent le tout mis
« en poudre et meslé ensemble et arrosé d'un
« petit d'huile de petrole, puis mettez roche de

---

(1) *Livre de Canonnerie et artifice de feu,* folio 29, verso; cette
partie a été écrite en 1561.

« souffre par petites roches, et meslez tout ensem-
« ble à la main, sans batre au mortier : après
« vous fault prendre estoupes et envelopper ces
« dictes matieres dedans, et en faire des petitz
« bastons de la grosseur du creux de vostre dicte
« trompe pour y entrer à l'aise, et de la longueur
« de deux poulces, et liez les dictz bastons de
« gros fil et fort, ou de petite corde : et quand
« vous voudrez charger ladicte trompe mettez
« plein le poing de poudre au fons et la foulez
« doulcement, puis mettez un de voz bastons en
« poudre, et le mettez sur ladicte poudre, puis
« mettez sur vostre baston de la matiere de quoy
« est faict vostre baston dessus ledit baston de
« demy doigt, mais il faut qu'il n'y ait point de
« roche de souffre, et le foulez un petit doulce-
« ment : apres vous mettrez encore plein le poing
« de poudre, puis encore un autre baston comme
« dessus, et le fault emplir ainsi jusques au bout,
« mais il fault tousjours croistre la charge de
« pouldre que de la premiere qui se commence
« d'une petite poignée revienne au dernier bas-
« ton a deux poignées, et foulez tousjours la ma-
« tiere qui est dessouz la pouldre, assez fort,
« afin que le feu ne voyse point si tost trouver
« l'autre pouldre, qui•seroit cause de faire tirez
« tous voz bastons tout à un coup, et rompre
« vostre trompe ; et quand vous aurez chargé
« le dernier baston mettez y de la matiere qui
« est dedans vosdicts bastons, sans roche de

« souffre de l'espoisseur d'un doigt, puis vous y
« mettrez pouldre dessus qui servira d'amorce
« pour ladicte trompe ; puis vous le couvrirez de
« toile avec poix noire fondue, et quand vous en
« vouldrez user, ostez la toile qui est dessus et
« mettez le feu en l'amorce, et le presentez à
« vostre ennemy en la secoüant contre luy, et de
« ce vous pouvez servir à un assault à la breche
« et pareillement à rompre gens à un assault, à
« un estroit passage, qui tournera à un grand
« esbahissement à ceux contre qui on les tirera.»

Les écrivains italiens décrivent aussi cette trompe à feu. Voici un passage du traité de pyrotechnie de Biringuccio, où il est parlé d'une arme différente.

(Folio 164.—Chapitre 7) (1).

*Moyen de faire langues à feu pour getter où il vous plaira,*
*attachées à la pointe des lances.*

« Pour la défense d'une forteresse, ou pour
« dresser une escarmouche de nuit pour assaillir
« un camp, c'est chose utile d'attacher à la pointe
« des lances des gens de cheval, et sur la cime des
« picques des gens de pié, certains canons de pa-
« pier posez dans autres de bois longs de demie
« brasse. Lesquels vous remplirez de grosse poudre

---

(1) Vanoccio-Biringuccio , *la Pyrotechnie* , traduite de l'italien par Jacques Vincent. Paris, 1572, folio 164.

« avec laquelle vous meslerez pièce de poix gre-
« goise, de soufre, grains de sel commun, lames
« de fer, voire brisé et arsenic cristallin. Et le
« tout pousserez dedans à force et avoir mis quel-
« que chose au devant, tournerez l'issus du feu
« contre voz ennemis. Lesquels resteront effrayez
« au possible : appercevant une langue de feu,
« excedant en longueur deux brasses, faisant un
« bruit espouventable. Et peut ceste facon de
« langue grandement servir à ceux qui veuillent
« faire profession des armes sur la mer. » (Voir les
fig. à la planche XIV, fig. 1.)

C'est bien le même art que chez les Arabes ;
l'effet des instruments est le même ; seulement
l'imagination, n'augmentant plus la crainte qu'in-
spiraient ces armes, leur usage se borne à des cas
exceptionnels. Il est fait mention de quelques actions de guerre où ces moyens furent employés
avec succès.

### Des feux artificiels (1).

« Toute chose seiche et qui brusle facilement
« multipliant le feu par quelque propre et inté-
« rieure nature ; se peut mettre à composition de
« feu : comme sont soulphre, salpestre, poudre

---

(1) *Briefve instruction sur le faict de l'artillerie de France*
par Daniel Davelourt. Paris, 1597, page 44.

« à canon, huiles de lin, de petrole et de teireben-
« tine, poix raisine, camphre, chaux vive, sel ar-
« moniac, vif argent et autres telles matieres dont
« on a accoustumé de faire trompes, pots, cercles,
« langues, piques, lances à feux, et autres feux arti-
« ficiels propres à refroidir l'ardeur de ceux qui
« vont les plus hardis assaillir une bresche. Comme
« l'on cogneut au siège de Pise, ou les Florentins
« soubs la conduite de Paul Vitelli, ayant fait la
« brèche raisonnable et les Pisans se reparant par
« dedans avec fosses et terrasses, encore adjoutè-
« rent-ils les feux gregeois et artificiels, avec les-
« quels ils empeschèrent que les Florentins ne
« peurent exécuter leur dessein. Les soldats de
« Veronne attendant l'assaut des Français, dressè-
« rent pots de feu artificiels et autres fricassées,
« qui leur donnoient aux flancs et par derrière
« les remparts. Mais entre iceux feux artificiels
« la grenade tient le premier lieu. »

On a vu que les bouches a feu furent employées
à lancer, avec les pierres, les compositions incendiaires du feu grégeois. A mesure que les bouches
à feu acquirent plus de puissance, elles rendirent
inutiles pour cet usage toutes les autres machines,
et le nom même du feu grégeois cessa d'avoir
cours.

Nous rapporterons encore quelques recettes et
expériences qui prouvent directement que les phénomènes de combustion, qui avaient paru si extraordinaires entre le huitième et le treizième

siècle, étaient devenus familiers, au commencement du dix-septième.

### Compositions qui bruslent dans l'eau (1).

« Meslez ensemble douze parts de poudre,
« huict de salpêtre, six de soufre, les mesurant
« avec une cueiller ou boëtte et non pas au poix
« de peur de vous tromper, arrousez cette mix-
« tion avec l'huile suivante en faisant une paste
« assez dure. Prenez de l'huile de lin une chopine,
« d'huile de therebentine demye chopine, et faictes
« fondre dedans la grosseur d'un petit œuf de
« camphre et de la cire neufve un peu moins.
« Cette paste estant faicté vous y adjouterez qua-
« tre parts de charbon doux, passé par le sas ou
« tamis et broyez bien tout ensemble, et sera bon
« finallement adjouter un peu de salpêtre en roche
« et soulfre pilé grossièrement. Ceste composition
« est bien approuvée et brusle fort bien en l'eau. »

### Autrement.

« Prenez deux livres et demie de poudre, de
« salpêtre trois livres et demie, de soulfre une livre,
« de poix blanche une livre, arrousez avec l'huile
« cy dessus. »

---

(1) Hanzelet Lorrain, la *Pyrotechnie*, Pont-à-Mousson, 1630, page 200.

Suivent d'autres recettes qui n'apprennent rien de nouveau. Voici maintenant une expérience qui montre clairement ce que l'auteur entend par *brûler dans l'eau*.

### Des balles bruslantes dessus et dessous l'eau (1).

« Après la composition des balles pour jeter à la
« main, ou par le mortier, j'ai trouvé bon de mettre
« icy ces balles à eau, d'autant qu'elles servent
« non-seulement à descouvrir l'ennemy par leurs
« feux ; mais aussi qu'elles bruslent clairement
« dessus et dessous de l'eau. La composition est
« très bonne. Prenez de la toile forte, et en faictes
« un sachet rond, de telle grosseur qu'il vous
« plaira, laissant seulement un trou pour mettre le
« poulce, puis l'emplir de la composition suivante.
« Prenez soulfre une livre, salpestre sec et bien af-
« finé trois livres, poudre une livre, camphre une
« once et demie, argent vif pillé et réduit en poudre
« avec le camphre et le soulfre, une once. Le tout
« en poudre tamisée soit meslé à la main avec huille
« petrolle, pour en former une paste poudreuse,
« pour en emplir autant qu'on pourra ledit sa-
« chet le plus dur qu'il sera possible, puis il le fau-
« dra recoudre laissant un bout de fillet pour le
« suspendre quand on le désirera. Couvrez-le de
« poix résine fondue, où il y ait un peu de théré-

---

(1) Hanzelet, page 259.

« bentine ou un peu de graisse de mouton. Quand
« vous voudrez jetter vostre balle, il y faudra faire
« un trou d'un poinçon qui pénètre jusque au cen-
« tre et l'emplir de poudre pillée, pour y mettre le
« feu. Et quand vous verrez vostre balle bien allu-
« mée, et que la flamme sortira avec bruit, jettés là
« dans le fossé. Elle bruslera au fond de l'eau, en
« bouillonnant très fort, puis elle reviendra sur
« l'eau, et fera un beau feu. » (Voir planche XIV,
« fig. 3.)

Ici est rapportée dans tous ses détails une des expériences qui avaient fait dire que ces compositions
étaient inextinguibles par l'eau. Cela n'était pas vrai,
dans toute l'étendue que l'on donnerait aujour-
d'hui à ces paroles, puisque cette composition s'é-
teindrait, si on la maintenait longtemps sous l'eau.
Tous les artifices employés maintenant dans l'artillerie jouissent de la même propriété que la composition d'Hanzelet; pour toute espèce d'artifice, on a
choisi des compositions que le vent ou la pluie ne
peuvent que difficilement éteindre.

L'emploi des artifices incendiaires lancés par les
bouches à feu, s'est étendu de plus en plus à mesure
que l'art de lancer les projectiles creux s'est perfectionné; c'est ce qui a fait presque entièrement abandonner l'usage des artifices lancés à la main. Cette
circonstance a déjà donné naissance à des moyens de
guerre contre lesquels ces artifices auraient été efficaces. Ainsi, les gabions farcis, dont l'usage est devenu général depuis le dix-huitième siècle, seraient

facilement brûlés par les flèches ou autres artifices incendiaires de nos pères, surtout quand les sapes de l'attaque sont près du chemin couvert ou des ouvrages occupés par les assiégés (1).

Arrivés à la fin de cette première partie, nous craignons qu'on ne nous accuse d'avoir beaucoup trop multiplié les citations. Tant d'erreurs ont été commises sur le sujet que nous avions à traiter, qu'il nous a semblé nécessaire de ne rien négliger pour démontrer que le feu grégeois n'avait point été perdu, mais qu'il est au contraire l'origine et la base de notre poudre à canon et de tous nos artifices. Les historiens modernes, surpris des terribles effets produits par ces compositions, ont avancé que nous ne connaissions aujourd'hui rien d'aussi puissant; ils n'ont pas réfléchi que des phénomènes qui frappaient vivement l'imagination de nos ancêtres, nous sont devenus familiers. La prédiction de Bacon s'est accomplie; les conceptions inconnues aux plus grands génies du moyen âge, sont devenues vulgaires aujourd'hui pour les hommes qui s'occupent de science.

Mais n'oublions pas que nous sommes redevables aux efforts des hommes des temps passés, de la lumière qui éclaire nos travaux. Evitons surtout de juger légèrement ou de condamner dédaigneuse-

---

(1) M. Favé avait déjà eu l'occasion de consigner cette réflexion dans une note du *Nouveau système de défense des places fortes*.

ment les hardis et laborieux penseurs du moyen
âge, qui, travaillant dans les ténèbres, étaient quelquefois encouragés, mais souvent égarés par la
fausse apparence d'une lueur trompeuse. Ils étaient
séparés de la lumière par une enveloppe épaisse, et
ils ont creusé, pour la percer, dans toutes les direc-
tions ; au lieu de mépriser ces travaux que dérobent
à nos regards, l'obscurité et l'éloignement, tâchons
d'y porter le flambeau de notre expérience. Nous re-
connaîtrons peut-être que si nous avons fait des pas
immenses dans quelques-unes des voies qu'ils nous
avaient ouvertes, nous en avons abandonné d'autres
qui pourraient nous conduire à de nouvelles conquêtes. Dans tous les cas, la connaissance du chemin
parcouru par nos pères, servira à assurer la direction dans laquelle nous devons marcher.

# APPENDICE.

---

## NOTE A. (Voy. page 21.)

باب صفة حل البارود يوخذ البارود الابيض النقى النارى [1]
مهما اردت وتاخذ طاجنين جدد ويحط فى الطاجن
الواحد ويغمر بالماء ويوقد عليه نار لينة حتى يغتر [2]
وتطلع رغوته فارمها واوقد تحته جيدا حتى يبروق ماؤه
الى غاية ويقلب الماء الرايق فى طاجن اخر بحيث لا يترك
من التفل شى ويوقد عليه وقدا لطيفا الى ان يجمد
وتشيله وتعجنه ناعما ويوخذ لحطب الصفصان اليابس
يحرق ويغمر على صفة لحراق ويزن من البارود الثلثين
والثلث من رماد الفحم الذى محنته بالميزان ويعاد الى
الطاجنين وان كانت الاعادة فى طاجن نحاس فهو اجود
ويعمل عليه قليل ماء وتحصه بحيث ان لا يلترق
واحذر من شرر النار

---

(1) Le manuscrit nº 1127 porte البادى.
(2) Le manuscrit nº 1127 porte يفسر.

# NOTE B.

*Liber Ignium ad comburendos hostes.*

Incipit liber ignium, a Marcho greco descriptus, cujus virtus et efficacia ad comburendos hostes, tam in mari quàm in terrâ, plurimum efficax reperitur, quorum primus hic est.

*Re.* Sandaracæ puræ *l.* I, armoniaci liquidi l. I, hæc simul pista et in vase fictili vitrato et luto sapiæ diligenter obturato dimitte; donec liquescat ignis subponatur. Liquoris verò istius hæc sunt signa : ut ligno intromisso per foramen ad modum butiri videatur. Postea vero IIII libras de alkitran græco superfundas. Hæc autem sub tecto fieri prohibentur, quoniam periculum immineret. Cum autem in mari ex ipso operari volueris, de pelle caprinâ accipies utrem, et in ipsum de hujus oleo l. II, si hostes propè fuerint intromittes ; si vero remoti fuerint plus mittes. Postea verò utrem ad veru ferreum ligabis, lignum adversus veru grossitudinem faciens, ipsum veru inferiùs sepo perungens. Lignum prædictum in ripâ succendens et sub utre locabis. Tunc vero oleum super veru et super lignum distillans accensum super aquas discurret, et quidquid obviam fuerit concremabit.

# NOTE C.

Item sequitur alia species ignis, qui comburit domos inimicorum in montibus sitas aut in aliis locis similibus.

*Re.* Balsami sive petrolei *l.* II, medullæ cannæ ferulæ *l. se.* sulphuris *l.* I, pinguedinis arietinæ liquefactæ l. I, vel oleum terebentinæ, sive de lateribus, vel anetarum : omnibus simul collectis, sagittam quadrifidam faciens de confectione prædictâ replebis. Igne autem intus reposito,

in aere cum arcu dimittes. Ibi enim sepo liquefacto et confectione succensâ, quocumque loco ceciderit, comburet
illum, et si aqua superjecta fuerit, augmentabitur flamma
ignis.......

Ignem græcum tali modo facies.

*Re.* Sulfur vivum, tartarum, sarcocollam et picolam, sal
coctum, oleum petroleum et oleum commune. Facias bul-
lire invicem omnia ista bene. Postea impone stupas et ac-
cende. Quod si volueris extrahere poteris per embotum ut
supra diximus. Post illumina et non extinguetur, nisi cum
urinâ, vel aceto, vel arenâ.

## NOTE D.

*Extraits de la Tactique de Lion VI, relatifs au feu grégeois.*

Πολλὰ δὲ καὶ ἐπιτηδεύματα τοῖς παλαιοῖς καὶ δὴ καὶ τοῖς
νεωτέροις ἐπενοήθη κατὰ τῶν πολεμικῶν πλοίων, καὶ τῶν ἐν
αὐτοῖς πολεμούντων. Οἶον τότε ἐσκευασμένον πῦρ μετὰ
βροντῆς καὶ καπνοῦ προπείρου διὰ τῶν σιφώνων πεμπόμενον, καὶ καπνίζον αὐτά. (Meursius, Opp., tom. VI,
col. 841; Tact. cap. XIX, § 51.)

Ἐχέτω δὲ πάντως τὸν σίφωνα κατὰ τὴν πρῶραν ἔμπροσθεν
χαλκῷ ἠμφιεσμένον, ὡς ἔθος, δι' οὗ τὸ ἐσκευασμένον πῦρ
κατὰ τῶν ἐναντίων ἀκοντίσαι. (Ibid., col. 828; chap.
XIX, § 6.)

Χρήσασθαι δὲ καὶ τῇ ἄλλῃ μεθόδῳ τῶν διὰ χειρὸς βαλ-
λομένων μικρῶν σιφώνων ὄπισθεν τῶν σιδηρῶν σκουταρίων
παρὰ τῶν στρατιωτῶν κρατουμένων, ἅπερ χειροσίφωνα
λέγεται, παρὰ τῆς ἡμῶν βασιλείας ἄρτι κατεσκευασμένα.
Ῥίψουσι γὰρ καὶ αὐτὰ τοῦ ἐσκευασμένου πυρὸς κατὰ τῶν

προσώπων τῶν πολεμίων. (Ibid., col. 844; § 57.)

Ἡμεῖς δὲ κελεύομεν καὶ πυρὸς ἐσκευασμένου πλήρεις ἀκοντίζεσθαι καὶ χύτρας, κατὰ τὴν ὑποδειχθεῖσαν μέθοδον τῆς αὐτῶν σκευασίας. ὧν συντριβομένων ἐμπρησθήσεσθαι ῥᾳδίως τὰ πλοῖα τῶν πολεμίων. (Ibid., § 56.)

### Extrait de l'Alexiade d'Anne Comnène.

Γινώσκων δὲ τοὺς Πισαίους τοῦ περὶ τὴν θάλατταν πολέμου ἐπιστήμονας, καὶ δεδιὼς τὴν μετ' αὐτῶν μάχην, ἐν ἑκάστῃ πρώρᾳ τῶν πλοίων διὰ χαλκῶν καὶ σιδήρων λεόντων καὶ ἀλλοίων χερσαίων ζώων κεφαλὰς μετὰ στομάτων ἀνεῳγμένων κατασκευάσας, χρυσῷ τε περιστείλας αὐτὰ, ὡς ἐκ μόνης θέας φοβερὸν φαίγεσθαι τὸ διὰ τῶν στρεπτῶν κατὰ τῶν πολεμίων μέλλον ἀφίεσθαι πῦρ, διὰ τῶν στομάτων αὐτῶν παρεσκεύασε διέναι, ὥστε δοκεῖν τοὺς λέοντας καὶ τ' ἄλλα τῶν τοιούτων ζώων τοῦτο ἐξερεύγεσθαι... Καὶ αὐτὸς δὲ ὁ Λαντοῦλφος πρῶτος προσπελάσας τοῖς Πισαίοις ναυσὶν, ἄστοχα τὸ πῦρ ἔβαλε, καὶ οὐδέν τι πλέον εἰργάσατο, τοῦ πυρὸς σκεδασθέντος... Ἐκδειματωθέντες οἱ βάρβαροι, τὸ μὲν διὰ τὸ πεμπόμενον πῦρ· οὐ γὰρ ἐθάδες ἦσαν τοιούτων σκευῶν ἢ πυρός, ἄνω μὲν φύσει τὴν φορὰν ἔχοντος, πεμπομένου δ' ἐφ' ἃ βούλεται ὁ πέμπων κατά τε τὸ πρανὲς πολλάκις καὶ ἐφ' ἑκάτερα. (Alexias, lib. XI, pag. 335, édit. de Paris.)

### Extraits du traité sur l'administration de l'empire par Constantin Porphyrogénète. (Banduri, Imper. or., tom. I, pag. 64.)

Ὡσαύτως χρή σε καὶ περὶ τοῦ ὑγροῦ πυρὸς τοῦ διὰ τῶν

σιφώνων ἐκφερομένου μεριμνᾶν τε καὶ μελετᾶν, ὡς εἴπερ
ποτὲ τολμήσωσί τινες καὶ αὐτὸ ἐπιζητῆσαι, καθὼς καὶ παρ'
ἡμῶν πολλάκις ἐζήτησαν, τοιούτοις αὐτοὺς ἔχοις ἀποκρού-
εσθαι καὶ ἀποπέμπεσθαι ῥήμασιν, ὅτι καὶ αὐτὸ δι' ἀγγέλου
τῷ μεγάλῳ καὶ πρώτῳ βασιλεῖ χριστιανῷ ἁγίῳ Κωνσταν-
τίνῳ ἐφανερώθη καὶ ἐδιδάχθη. Παραγγελίας δὲ μεγάλας
καὶ περὶ τούτου παρὰ τοῦ αὐτοῦ ἀγγέλου ἐδέξατο, ὡς παρὰ
πατέρων καὶ πάππων πιστωθέντες πληροφορούμεθα, ἵνα ἐν
μόνοις τοῖς Χριστιανοῖς καὶ τῇ ὑπ' αὐτῶν βασιλευομένῃ πό-
λει κατασκευάζηται, ἀλλαχοῦ δὲ μηδαμῶς· μήτε εἰς ἕτερον
ἔθνος τὸ οἰονδήποτε παραπέμπηται, μήτε διδάσκηται.
Ὅθεν καὶ τοῖς μετ' αὐτὸν ὁ μέγας οὗτος βασιλεὺς ἐξασφαλι-
ζόμενος περὶ τούτου, ἐν τῇ ἁγίᾳ τραπέζῃ τῆς τοῦ Θεοῦ
ἐκκλησίας ἀρὰς ἐγγραφῆναι πεποίηκεν, ἵνα ὁ ἐκ τοῦ τοιούτου
πυρὸς εἰς ἕτερον ἔθνος δοῦναι τολμήσας μήτε Χριστιανὸς
ὀνομάζηται, μήτε ἀξίας τινὸς ἢ ἀρχῆς ἀξιῶται. ἀλλ' εἴ τινα
καὶ ἔχων τύχῃ, καὶ ἀπὸ ταύτης ἐκβάληται, καὶ εἰς αἰῶνα
αἰώνων ἀναθεματίζηται καὶ παραδειγματίζηται, εἴτε βασι-
λεύς, εἴτε πατριάρχης, εἴτε τις ἄλλος οἷος οὖν ἄνθρωπος
εἴτε ἄρχων εἴτε ἀρχόμενος τυγχάνοι, ὁ τὴν τοιαύτην ἐντολὴν
παραβαίνειν πειρώμενος. Καὶ προυτρέψατο πάντας τοὺς ζῆ-
λον καὶ φόβον Θεοῦ ἔχοντας, ὡς κοινὸν ἐχθρὸν καὶ παραβά-
την τῆς μεγάλης ταύτης ἐντολῆς τὸν τοιοῦτο ἐπιχειροῦντα
ποιεῖν ἀναιρεῖν σπουδάζειν, καὶ ἐκτίστῳ τῷ χαλεπῷ πα-
ραπέμπεσθαι θανάτῳ. Συνέβη δέ ποτε, τῆς κακίας ἀεὶ χώραν
εὑρισκούσης, τινὰ τῶν ἡμετέρων στρατηγῶν, δῶρα παρά
τινων ἐθνικῶν πάμπολλα εἰληφότα, μεταδοῦναι αὐτοῖς ἐκ
τοῦ τοιούτου πυρός, καὶ μὴ ἀνεχομένου τοῦ Θεοῦ ἀνεκδίκη-

16

τον καταλιπεῖν τὴν παράβασιν, ἐν τῷ μέλλειν αὐτὸν ἐν τῇ
ἁγίᾳ τοῦ Θεοῦ εἰσιέναι ἐκκλησίᾳ, πῦρ ἐκ τοῦ οὐρανοῦ κα-
τελθὸν τοῦτον κατέφαγε καὶ ἀνήλωσε. Καὶ ἀπὸ τότε φόβος
μέγας καὶ τρόμος ἐν ταῖς ἁπάντων ἐνετέθη ψυχαῖς, καὶ οὐκ-
έτι οὐδεὶς τοῦ λοιποῦ, οὔτε βασιλεὺς, οὔτε ἄρχων, οὔτε
ἰδιώτης, οὔτε στρατηγὸς, οὔτε οἷος οὖν ὅλως ἄνθρωπος κα-
τετόλμησέ τι τοιοῦτόν ἐνθυμηθῆναι, μήτοι γε καὶ ἔργῳ ἐπι-
χειρῆσαι ποιῆσαι, ἢ διαπράξασθαι.

## NOTE E.

Misericors Dominus ventis tunc placidum reddidit mare.
Secus enim ob ignis emissionem Græcis erat incommodum.
Igitur in Russorum medio positi ignem circumcirca projiciunt. Quod dum Russi conspiciunt, è navibus confestim sese
in mare projiciunt, eliguntque potius aquis submergi quam
igne cremari. Nonnulli vero natantes, inter ipsos maris
fluctus uruntur.—(Luitprand, Liv. V, Ch. 6; Recueil de
Muratori, tom. II, pag. 463.)

## NOTE F.

*Manière de faire les fleurs dans les feux d'artifice chinois,
par le père d'Incarville, jésuite missionnaire.*

La matière de ces fleurs n'est autre chose que de la fonte
de fer réduite en sable : selon que ce sable de fer a passé
par des tamis plus ou moins fins, les fleurs qu'il donne sont
plus ou moins grandes. On fait ledit sable avec de vieilles
marmites cassées ou hors d'état de servir, on les casse par
morceaux de la largeur de la main, après quoi on les fait
rougir à un feu de forge ; au sortir du feu, on les jette dans
un baquet rempli d'eau fraîche, où on les laisse refroidir;

ainsi calcinée, la rouille en tombe par écailles, et on les réduit bien plus facilement en sable : on les casse premièrement en parcelles de la largeur d'un travers de doigt. Il faut
que l'enclume et le marteau, dont on se sert pour réduire
ces parcelles en sable, soient aussi de fonte; l'acier aplatit
les grains de sable. Les angles des grains de sable doivent
être vifs, ce sont ces angles qui forment les fleurs; quand,
par la force du feu, le sable fond en l'air, il retombe en grains
bien ronds, percés et vides.

Celui qui fait le sable de fer est assis au milieu d'un petit
parc, fermé d'un drap pour retenir le sable qui s'écarte de
tous côtés en battant. Il ne faut écraser que deux ou trois
petits morceaux de fonte à la fois; on y va plus vite et on
est moins sujet à aplatir les grains, parce qu'on va à petits
coups. On prend dans la main gauche une poignée desdits
morceaux de fonte, qu'on laisse tomber peu à peu, écartant
à mesure avec le marteau, ou de la main gauche, ce qui
est réduit en sable, et le faisant tomber à terre. Quand on
a une certaine quantité de sable, on le tamise, commençant à se servir d'un tamis de soie très fin, en second lieu
d'un tamis de soie moins fin, en troisième lieu d'un tamis
de soie clair. On fait encore passer ce sable consécutive-
ment par trois tamis de crin, les uns plus clairs que les autres, en sorte que le dernier serait bon à passer de gros son.
On met à part chaque espèce de sable; ce sont ces différents
sables qui donnent les différentes fleurs. Les Chinois, qui y
trouvent de la ressemblance avec certaines fleurs naturelles, leur en donnent les noms, par exemple : de matri-
caire, d'œillet, de grenade, etc., etc. Selon que la composition des fusées où entre le sable de fer à plus ou moins de
force, les fleurs s'écartent plus ou moins, montent plus
droit, ou décrivent une ligne parabolique en retombant;
d'où leur viennent encore différents noms, comme de bambou, de saule, dont les branches sont pendantes. Selon que
la plante qu'on veut représenter a plus ou moins de fleurs,

16.

on force ou on diminue de sable ; on se sert de plus ou moins gros, eu égard à la grandeur des fleurs naturelles ; on donne au feu de ces fleurs la couleur jaune, rouge ou blanche, suivant la couleur des fleurs de la plante qu'elles représentent. En variant les doses de la composition des fusées, et changeant la quantité et la qualité du sable, on peut varier beaucoup.

Les cartouches de ces sortes de fusées doivent être proportionnées au sable ; si le cartouche est d'un diamètre trop grand ou trop petit, ou le sable ne fondra pas, ou il fondra avant de sortir du cartouche. A de petit sable il ne faut qu'un feu modéré, à de gros sable il faut un violent feu. On peut faire l'expérience du petit sable ou de celui qui a passé par les tamis de soie, à la flamme d'une allumette : on en laisse tomber sur la flamme d'une allumette une pincée peu à peu, et on en voit l'effet. Pour le sable le plus fin, un cartouche, dont l'ouverture n'aura que deux ou trois lignes de diamètre, suffit ; pour le sable du second ordre, quatre ou cinq lignes ; pour celui du troisième ordre, six ou sept lignes ; pour celui du quatrième ordre, neuf ou dix lignes ; pour celui du cinquième ordre, un pouce ; enfin pour le gros sable, un pouce et demi.

Les cartouches qui m'ont paru faire un plus bel effet, sont ceux dont le calibre augmente par degrés, qui par conséquent sont faits sur une baguette à rouler de différentes grosseurs. Les dessins que j'envoie, en attendant les modèles qui accompagneront le mémoire que je prépare, faciliteront l'intelligence de ce que je dis ici. Pour faire ces cartouches, on coupe des bandes de carton de différentes largeurs, selon les longueurs qu'on a données aux différents diamètres de la baguette à rouler, le premier diamètre, ou le bout de la baguette qui touche à l'étranglement de la fusée, a ordinairement six à sept lignes ; le second diamètre en remontant vers le gros bout de la baguette, a dix lignes ; le troisième diamètre un pouce. Le premier diamètre a un pouce trois lignes de long, le second a deux pouces, le troisième trois pouces et demi. On peut changer un peu ces proportions sans conséquence; ce n'est qu'un exemple que je donne; pour le premier diamètre ou celui de six à sept lignes, on se sert du sable du troisième ordre, ou qui a passé par le tamis de soie clair : pour le second diamètre, ou celui de dix lignes, le sable du quatrième ordre, ou qui a passé par le tamis de crin fin; enfin pour le troisième diamètre, ou celui d'un pouce, le sable du cinquième ordre, ou qui a passé par un tamis de crin un peu plus clair. Cette sorte de cartouche m'a mieux réussi que celui dont je vais donner les proportions, à cause du gros sable qui a de la peine à fondre.

La grosse baguette à rouler, pour faire des cartouches de différents diamètres, a neuf lignes à son plus petit diamètre sur deux pouces de long; son second diamètre a un pouce trois lignes sur deux pouces neuf lignes de long; son troisième diamètre a un pouce et demi sur trois pouces de long; son quatrième diamètre a un pouce neuf lignes sur quatre pouces de long. Pour le premier diamètre, on se sert du sable du troisième ordre; pour le second diamètre, celui du quatrième; pour le troisième diamètre, celui du cinquième; et au quatrième diamètre, le gros sable, ou du sixième ordre, c'est-à-dire qui a passé par le tamis de crin le plus clair. On voit, par ces proportions, qu'on peut changer sans conséquence les diamètres des cartouches, pourvu cependant qu'il n'y ait pas une grande différence. De la proportion du diamètre du cartouche avec le sable, dépend beaucoup la réussite des fusées à fleurs. Je crois qu'en Europe, où l'on raisonne sur la force de la poudre plus pertinemment qu'à la Chine, on trouvera le moyen de se servir de plus gros sable; les fleurs en seraient beaucoup plus belles. Pour ne pas perdre de carton, l'on a égard à la grandeur du papier dont on veut le faire, et on y conforme les dimensions de la baguette à rouler, ajoutant ou diminuant tant soit peu sur les épaisseurs et longueurs. Si la baguette à rouler, après avoir été tournée, n'a pas été raclée avec un morceau de verre, on aura de la peine à la tirer du cartouche qui aura été roulé dessus.

En cas qu'on se serve de cartouches d'un seul diamètre dans toute leur longueur, quel que soit le diamètre, il faut toujours, pour amorcer la fusée, mettre un peu de la composition où entre le second sable, environ une bonne pincée. On peut aussi se servir d'un culot de fer en forme de cône ; cela revient un peu au cartouche de différents diamètres. Pour distinguer, si l'on veut, les différents sables entre chaque composition, l'on met deux ou trois lignes de composition seule, ce que l'on peut faire aussi en chargeant les cartouches d'un seul diamètre ; c'est ce qui se pratique à Pékin. Il faut avoir égard à proportionner le sable aux cartouches.

Les cartouches des fusées chinoises, excepté ceux des pétards, sont faits d'un carton mince, composé seulement de deux feuilles de gros papier. Le carton dont sont faits les cartouches des fusées volantes que l'on tire chez l'empereur, est composé de trois feuilles de papier, que les Chinois appellent mao-teoutchi ; c'est celui dont mes paquets sont enveloppés ; il est fait de chanvre. Il y a une chose digne de remarque dans la manière dont les Chinois font la colle des cartouches de fusées ; c'est pour obvier aux accidents du feu, et pour empêcher les cartouches de crever. En délayant la colle, pour une livre de farine, ils jettent dedans une bonne poignée de sel marin. Avant de mettre sur le feu la farine délayée avec le sel, on détrempe de l'argile en consistance de boue un peu claire. Quand la colle est faite, on la retire du feu, et on y mêle à peu près autant d'argile détrempée qu'il y a de colle ; on a dû par conséquent faire la colle bien claire ; on mêle bien le tout ensemble, remuant avec un bâton ; l'argile empêche le carton de prendre si facilement feu, et par là il est moins sujet à crever ; le sel fait que le feu qui a pris au carton s'éteint promptement : sans cette précaution, l'on ne serait pas assez hardi pour tirer des fusées volantes dans les villages qui sont remplis de tas de paille, gros comme des petites meules de foin. Les Chinois disent que jamais il n'arrive accident avec ces cartouches faits de carton ainsi préparé.

Les cartouches peuvent avoir depuis deux lignes jusqu'à trois lignes d'épaisseur.

Le salpêtre qui entre dans la composition des fleurs, doit être bien purifié. On se sert de charbon fait de branche de saule, qu'on dépouille de son écorce avant de le piler. Toutes les matières, excepté le sable de fer, doivent avoir passé par le tamis de soie fin; on mêle les matières avec un peu d'eau-de-vie la plus forte, autant seulement qu'il en faut pour qu'elles pelotent. S'il y a trop d'eau-de-vie, on n'aura point de fleurs. On humecte d'abord le sable, ensuite on le mêle avec le soufre, puis on y ajoute le salpêtre, le charbon et les autres matières qui quelquefois y entrent pour varier la couleur du feu.

On charge les cartouches comme celle des fusées volantes; mais il n'est pas nécessaire de tant fouler la matière, la moitié des coups qu'on donne à chaque charge d'une fusée volante suffit pour les fusées à fleurs. On commence par placer la mèche, la moitié sortant dehors du cartouche; et cette moitié, pour plus grande sûreté contre le feu, est enveloppée d'un morceau de papier qui déborde, et qui n'est entortillé autour de la mèche qu'à l'endroit où elle entre dans la fusée. De deux ou trois coups de baguettes à charger, on aplatit la mèche au fond du cartouche, ce qui en sort s'aplatit aussi, parce que le cartouche porte à terre ou sur un banc quand on frappe.

Pour les cartouches qui ont différents calibres, il faut autant de baguettes à charger qu'il y a de calibres. En chargeant on ne remplit jamais les cartouches; on laisse environ deux pouces de vide; dans ce vide on frappe avec un bon massif un tampon de papier de l'épaisseur d'un travers de doigt (toutes les baguettes pour les fusées à fleurs sont des massifs). Par-dessus le tampon de papier on ajoute un demi-pouce d'argille un peu humide, pour qu'elle pelote, et on la foule en frappant sur le massif sept à huit bons coups de maillet ; le reste de la fusée demeure vide. Une fusée peut demeurer quinze jours chargée sans se gâter.

Pour contenir ces fusées quand elles tirent, il suffit de les mettre entre deux briques posées à plat : il est bon de les élever un peu, surtout quand la composition n'a pas beaucoup de force, afin que les fleurs paraissent toutes avant que le sable soit tombé à terre.

*Proportions chinoises pour la matière des fleurs.*

| Salpêtre. | Soufre. | Charbon. | Sable de fer. |
|---|---|---|---|
| 10 Taels. | 8 masses. | 7 masses. | 2 masses le plus fin. |
| 4 id. | 9 id. | 9 id. | 2 taels 2e ordre. |
| 4 id. | 1 Tael. | 1 Tael. | 2 id. 4 masses 3e ord. |
| 4 id. | 1 id. 1 masse. | 1 id. 1 masse. | 2 id. 6 id. 4 id. |
| 4 id. | 1 id. 2 id. | 1 id. 2 id. | 2 id. 8 id. 5 id. |
| 4 id. | 1 id. 3 id. | 1 id. 3 id. | 3 id. 4 id. 6 id. |
| | | | ou gros sable. |

La livre chinoise est composée de 16 onces ou taels, le tael est composé de 10 masses, la masse de 10 fen.

*Quelques compositions particulières, et leurs noms chinois.*

| Salpêtre. | Soufre. | Charbon. | Sables. |
|---|---|---|---|
| | | *Li-hoa.* | |
| 1 tael | 3 m. 5 f. | 2 m. 5 f. | 6 m. des six sortes mêlées |
| | | *Tsing-lo-san.* | |
| 1 tael | 2 m. 5 f. | 3 m. | { 4e sorte 2 m. 5 f. 2e sorte 2 m. 5 f. |
| | | *Mou-tant.* | |
| 1 tael | 2 m. | 2 m. | 4e sorte 1 m. |
| | céruse 5 f. | | |
| | | *Lo-ti-liéou.* | |
| 1 tael | 1 m. 6 f. | 1 m. 3 f. | 4e sorte 3 m. |

| Salpêtre. | Soufre. | Charbon. | Sables. |
|---|---|---|---|
| | | *Ta-sivé-hoa.* | |
| 1 tael | 2 m. 5 f. | 3 m. | des 6 sortes mêlées 5 m. |
| | | *Pour amorcer une fusée.* | |
| 1 tael | 2 m. | 2 m. | 2ᵉ ordre 5 m. |
| | | *Ta-kiu-hoa.* | |
| 1 tael | 2 m. | 2. m. 2 f. | 5ᵉ ordre 6 m. 5 f. |
| | | *Siao-li-hoa.* | |
| 1 tael | 2 m. | 2 m. | 3ᵉ sorte 5 m. 2 f. |

Cette composition peut servir à amorcer.

| Salpêtre. | Soufre. | Charbon. | Sables. |
|---|---|---|---|
| | | *Ta-li-hoa.* | |
| 1 tael | 2 m. 3 f. | 2 m. 3 f. | 4ᵉ sorte 7 m. 5 f. |
| | | *Man-chou-li-hoa.* | |
| 1 tael | 2 m. 5 f. | 2 m. 5 f. | 5ᵉ sorte 5 m. 4 f. |
| | | *Pan-chou-li-hoa.* | |
| 1 tael | 2 m. | 2 m. | 5ᵉ sorte 6 m. |
| | | *Composition lente.* | |
| Une livre | 9 m. | 9 m. | 4ᵉ ordre 4 taels 5 m. |

m. signifie masse, f. signifie fen.

J'ai beaucoup d'autres de ces compositions, que je garde pour joindre au mémoire que je dois envoyer dans la suite ; le peu que j'envoie suffit pour faire voir qu'en changeant les doses des compositions, l'on peut varier à l'infini. On peut faire des expériences en petit, à peu de frais ; on peut tirer ces fusées dans une petite cour sans danger de feu.

## Raisins des feux d'artifice chinois.

La matière de ces raisins n'est autre chose que du soufre réduit en poudre impalpable, dont on fait une pâte avec de la colle de farine : cette pâte doit être en consistance un peu dure, pour que le raisin ait une couleur plus violette ; les Chinois préfèrent la chair du jujube à la colle de farine, on fait cuire des jujubes, que l'on dépouille ensuite de leur peau, et à qui on ôte le noyau, réservant la chair pour s'en servir au lieu de colle de farine, avec cette pâte, on garnit des lettres faites de fil-de-fer double, pour que la matière tienne plus facilement, on peut faire ainsi telle figure qu'on jugera à propos, non seulement des lettres, mais des armoiries, comme fleurs-de-lis, animaux, etc., qui dureront en feu aussi longtemps qu'on voudra, à proportion de la quantité de matière qu'on y emploiera. Afin que tout prenne feu en même temps, on ne doit pas épargner la mèche autour de ces lettres ou figures : outre les mèches, on enveloppe le tout de papier, qui, en prenant feu, le communique dans un instant partout. Cette garniture de papier a son agrément; on lui donne telle figure que l'on juge à propos; on le peint, on représente dessus des emblèmes, des devises, etc. Avec des tiges de gros mil, dit Kao-kang, dont je parle dans le mémoire sur le Kien-tcheou, les Chinois font toutes sortes d'animaux, dans le goût des chevaux d'osier dont nous nous servons sur les théâtres : comme nous, ils collent du papier dessus, qu'il peignent avec les couleurs qui conviennent à l'animal qu'ils veulent représenter. Dans un feu d'artifice, on voit en un moment un lion, un tigre, un dragon, un poisson, etc., se changer en caractère de feu qui représente une devise : on peut en faire sortir bien des choses frappantes et fort agréables à la vue. Il faut réserver le reste pour le mémoire.

*Réponses aux questions qu'on m'a faites sur les feux d'artifice chinois : elles serviront de supplément au mémoire préliminaire que j'ai envoyé.*

Quoique la pyrotechnie soit beaucoup plus ancienne en Chine qu'en Europe, les feux d'artifice sont néanmoins plus perfectionnés en Europe. Les Chinois se conduisent, pour l'ordinaire, plus par coutume que par principe : ils sont industrieux, mais raisonnent peu conséquemment; les Européens, au contraire, suivent les principes des arts, se piquent de les perfectionner.

Les fleurs et les raisins ont été bien reçus en France; je m'y attendais. Quand, parmi toutes les compositions que j'envoie, on aura choisi celles qui satisferont davantage, ou qu'on en aura fait d'autres à l'imitation, ce qui est facile, on pourra en former des jets de feu, des fontaines, des nappes, des pots de fleurs, des gerbes, etc., qui trouveront place dans nos feux d'artifice : la composition des raisins, dont les Chinois forment aussi des lettres, des figures d'animaux, etc., pourra nous servir aux mêmes usages : on peut en former des armoiries; j'ai essayé une fleur-de-lis, qui réussit fort bien, un avantage qu'ont ces feux d'artifice, c'est que chacun, à peu de frais, peut exécuter et inventer beaucoup de jolies décorations pour nos réjouissances.

Je réponds article par article aux questions qu'on m'a faites. Il paraît que le salpêtre de Chine vaut mieux que le nôtre : il se fait aussi plus aisément et à moins de frais; les terres dans bien des endroits en sont remplies, mais certaines terres en donnent plus que d'autres. Les terres de sable n'en produisent point, les terres élevées n'y sont pas favorables, on le tire ordinairement des terrains bas. On connaît les terres qui contiennent du salpêtre, quand on les voit fermenter à leur superficie : les plus fortes gelées n'empêchent point cette fermentation. Les terres d'où l'on tire le kien, ou la couperose de Chine, fermentent comme celles du salpêtre; on y est souvent trompé, ce n'est qu'au goût qu'on peut distinguer les unes des autres : celle du salpêtre laisse sur la langue une impression fraîche, celle de couperose y laisse une impression âcre; selon que l'impression est forte, on juge de la quantité de salpêtre que les terres contiennent. On ramasse toute l'année les terres de salpêtre, excepté quand il y a eu de grandes pluies, qui l'ont entraîné avec elles à une certaine profondeur : il faut attendre que la terre fermente de nouveau, c'est-à-dire que le salpêtre ait remonté à la superficie ou qu'il s'en soit formé d'autre. Ceux qui ramassent la terre de salpêtre, enlèvent avec un râteau environ un pouce de la superficie, et en forment des monceaux, qu'ils transportent ensuite dans l'endroit où ils font le salpêtre. Telle terre donnera cette année du salpêtre, qui n'en donnera pas l'année d'ensuite; une autre, qui n'en fournissait pas auparavant, en produira.

Pour filtrer l'eau du salpêtre, au lieu de cuviers, les Chinois se servent de grandes urnes de terre vernissée, auxquelles ils percent un trou au bas, comme chez nous aux cuviers à couler la lessive. Ils commencent par mettre au fond de l'urne deux ou trois pouces d'épais de grosse paille, sur laquelle ils étendent une natte pour recevoir la terre du salpêtre, mêlée de cendres, sans quoi l'eau empreinte du salpêtre ne coulerait que très difficilement; ils remplissent l'urne jusqu'à trois ou quatre pouces du bord, et versent dessus cette terre de l'eau, jusqu'à ce que cette eau, de rousse qu'elle sort d'abord, devienne jaune : alors elle contient peu de salpêtre; pour l'en tirer, il en coûterait plus qu'on n'en retirerait de profit. On ôte la terre, pour y en substituer de nouvelle. On continue cette opération, tant qu'on le juge à propos.

Les chaudières dont on se sert ici pour évaporer l'eau de salpêtre, sont de fer, peu profondes, mais très larges : elles sont maçonnées sur le fourneau, pour épargner la consommation du bois ou de la paille de grand mil, avec quoi on entretient le feu sous les chaudières. Quand l'eau de salpêtre est consommée jusqu'à pellicule, on verse dessus de l'eau de colle forte; celle de poisson est trop chère, on n'a garde de s'en servir, celle de peaux d'animaux pouvant suffire. Dans certains endroits, au lieu de colle forte, on se sert d'eau où l'on a fait bouillir des radis : on verse de l'eau de colle forte par cuillerées, c'est-à-dire, quatre ou cinq onces à la fois et on enlève à mesure avec une écumoire la crasse qui surnage. On verse ainsi de l'eau de colle forte jusqu'à ce qu'il ne surmonte plus de crasse : alors le salpêtre est net, il ne reste plus qu'à en séparer le sel marin qui y est mêlé ; en continuant de faire bouillir l'eau, le sel se forme en grains ; on le tire à mesure avec une écumoire : tant qu'il s'en forme, on continue le feu sous la chaudière, détachant, avec une petite pelle de fer, garnie d'un long manche de bois, le sel marin qui s'attache au fond. Tout le sel étant soigneusement tiré, on essaie si une goutte d'eau, qu'on laisse tomber sur un morceau de fer froid, s'y congèle et se réduit en sel ; c'est le point où il faut la verser dans les terrines, où on la laisse cristalliser, couvrant exactement les terrines. Le lendemain le salpêtre est en pain, tout couvert de belles grandes aiguilles : il reste au fond des terrines l'eau mère, dont les Chinois, en la faisant bouillir jusqu'à pellicule, tirent des pains d'un sel roux, qui a son usage pour faire cailler une espèce de fromage mou, fait de lait de haricots, qu'ils appellent *teou-fou;* il s'en vend beaucoup en Chine. L'eau mère de salpêtre est un poison dont se servent assez souvent ceux qui veulent se donner la mort : comme il en entre très peu dans le *teou-fou,* on prétend qu'il n'y a rien à craindre ; l'empereur même en mange.

Tout ce que je viens de dire du salpêtre est fondé sur le rapport des Chinois : j'ai surtout consulté une personne qui a intérêt à ne pas me tromper, et que j'ai envoyée sur les lieux ; elle est de l'endroit et connaît des salpêtriers. Si j'avais pu me transporter sur les lieux et voir par moi-même la suite de la manipulation, peut-être aurais-je remarqué quelque autre chose de particulier.

### Du soufre.

Il y a beaucoup de soufre en Chine ; il paraît fort beau quand il est pur : on en tire quantié, surtout dans la province de Chan-si. On le purifie sur les lieux ; si on craint qu'il n'ait pas été bien purifié, on le fait fondre et on écume la crasse qui surnage. Les artificiers se donnent rarement cette peine ; ils se contentent d'en éprouver la force par quelques petits essais, et ils en augmentent ou diminuent la dose, selon que l'essai en petit leur a indiqué. Ils en font de même du salpêtre. Au palais chez l'empereur, où on leur fournit des matières choisies, ils sont sûrs de l'effet; il n'est pas nécessaire de faire des essais.

On n'a point d'idée en Chine du soufre composé.

### De la poudre.

Si la poudre de Chine vaut mieux que la nôtre, cela vient plutôt de la bonté des matières que du soin que les Chinois prennent de la faire bonne ; ils la grainent très mal et ne savent pas la lisser : elle est fort vilaine à voir. Ils font une poudre particulière pour amorcer les armes à feu, qu'ils disent être plus vive que celle dont ils se servent pour charger. Pour les pétards, au lieu de charbon de saule, ils en font des tiges d'abutilon et de mayenne : ils disent que ce charbon écarte et fait plus de bruit. On trouvera à la fin de cet écrit les compositions de ces différentes poudres.

J'ai envoyé, ces années passées, la manière dont les Chinois font la poudre à canon; je la répète ici, de peur qu'on ait perdu ce que j'ai écrit sur ce sujet. Si le salpêtre n'est pas bien pur, il faut le purifier et le passer par un tamis fin, aussi bien que le soufre et le charbon. Ce charbon doit être fait de jeunes jets de saule dépouillés de leur écorce; je ne sache pas qu'il y ait de bourdaine en Chine ; du moins les Chinois ne s'en servent pas pour le charbon de la poudre. On mêle la poudre de charbon avec celle de salpêtre dans une poêle de fer; on verse dessus de l'eau à niveau seulement des matières, et on leur fait jeter quelques bouillons, après quoi on verse le tout sur une meule placée horizontalement : la matière s'étend dessus. Sur cette matière étendue, on tamise le soufre, l'étendant également avec la main, et on broie le tout ensemble pendant six heures. La bête qui tourne la meule, doit marcher lentement. Pour grainer cette poudre, les Chinois l'arrosent d'eau, dans laquelle on a lavé du gros mil cuit ; cette eau est glutineuse. Ensuite ils contournent la matière dans une grande corbeille plate, garnie d'une natte mince et clissée fin (les nattes de Chine ne sont pas comme les nôtres, elles valent mieux à bien des usages) ; ils ne séparent pas même le poussier.

Je ne sais ce que l'on a voulu dire par la composition liquide en consistance de bouillie, qui s'enflamme aisément et fait plus d'effet que la poudre ordinaire. Je me suis informé aux artificiers, ils ne connaissent point cette composition ; peut-être le Chinois s'est-il mal expliqué, ou l'Européen n'a pas conçu ce qu'on voulait lui dire ; je soupçonne que c'est la poudre dont je viens de donner la façon. Les Chinois l'appellent poudre cuite, parce qu'après l'avoir abreuvée d'eau, ils lui font jeter quelques bouillons. Ils estiment plus cette poudre que celle qu'ils font à sec, qu'ils appellent poudre crue. On en trouvera aussi la composition avec l'autre.

### Matières colorantes.

Je crois qu'on ne s'attend pas à avoir des couleurs bien distinctes : on verra parmi les compositions quelques ingrédients qui donnent des nuances de couleurs, comme l'orpiment donne une couleur jaune, la céruse et le camphre un feu blanc ; quelques-uns emploient l'indigo pour le bleu, mais je doute de cette couleur. Pour un feu brillant dans les fleurs, il faut avoir de la fonte dont le grain soit fin. Le fer des environs de Pékin est grossier et donne des fleurs peu brillantes, tirant sur le rouge, au lieu que celui des provinces méridionales, qui est fin, donne des fleurs blanches, brillantes à six rayons ; celui de Pékin n'en donne que quatre. Outre cela, le sable fait de fonte fine se conserve longtemps sans se rouiller ; celui de fonte grossière se rouille d'abord. On dit que le cinabre minéral donne un feu rouge ; je ne m'en suis pas autrement aperçu.

### Des mèches.

Les Chinois n'ont point l'usage des étoupilles, leurs mèches ne sont autre chose que des bandes de papier, dans lesquelles ils enveloppent une poignée de poudre. Je ne m'arrêterai point à décrire la manière dont ils font les mèches, les nôtres étant plus commodes et plus faciles à faire ; j'en ai déjà envoyé le dessin et l'explication, je ne sais si on les a reçus.

La composition de la poudre des mèches se fait dans un poêlon sur un feu doux : on fait d'abord fondre le salpêtre dans une suffisante quantité d'eau ; lorsqu'il est fondu, on y jette du charbon fait de chènevotte non battue, c'est-à-dire tout entière, et on remue, sans discontinuer, jusqu'à ce que la matière se réduise facilement en poudre sous les doigts ; les chènevottes, ici, sont des tiges d'abutilon ; on peut aussi se servir de tiges de mayenne.

### Des cartouches.

Les cartouches des fusées de Chine sont pour le moins aussi fermes que les nôtres, et se font, ce me semble, plus facilement : en voici le détail. On commence par étendre sur une table les feuilles de carton ou de papier en recouvrement, ou les unes sur les autres, chacune débordant d'un travers de doigt ; on en met plus ou moins, selon l'épaisseur qu'on veut donner aux cartouches. Lorsque ces feuilles sont ainsi arrangées, on trempe dans l'eau une petite brosse, et on humecte depuis l'endroit où doit être l'étranglement jusqu'au bord, c'est-à-dire environ un pouce de large, pour que le carton ou le papier ne casse pas et qu'on puisse étrangler plus facilement le cartouche après qu'il sera roulé ferme : on couche ensuite sur les feuilles la baguette à rouler, et on roule dessus, à la main, toutes les feuilles à la fois. Le cartouche est alors très lâche et roulé un peu de biais pour l'ordinaire ; on le dresse, en ayant retiré la baguette et frappant quelques petits coups sur la table du bout par lequel le carton déborde. Pour le rouler ferme, les Chinois ont un banc solide, haut seulement de deux pieds, afin que celui qui roule les cartouches ait plus de force, pour appuyer en roulant. On pose d'abord sur le banc, en arrière, le cartouche garni de sa baguette à rouler; ensuite on se sert d'un morceau de bois pesant, en forme de var-lope, et monté à peu près de même (on en trouvera les di-mensions au bas du dessin). On pose le menu bout dudit morceau de bois en travers sur le cartouche garni de sa baguette, et en appuyant ferme de toute sa force, on pousse en avant ; le cartouche roule entre le morceau de bois et le banc. On ramène le cartouche au bout du banc et on roule comme la première fois, ce qu'on répète cinq ou six fois, plus ou moins, selon qu'on veut que le cartouche soit dur. Cela suffit pour les cartouches des fusées à fleurs et ceux des pétards ; mais pour ceux des fusées volantes, on a un autre banc semblable au premier, garni d'un châssis où est attaché un cylindre mobile sur son axe, placé au-dessous de la planche du banc. A la traverse du châssis, qui est au-dessus du banc, est attachée une planche épaisse ; entre cette planche et le banc, on roule le cartouche garni de sa baguette, comme on a fait auparavant avec le mor-ceau de bois en façon de varlope : la planche attachée au châssis fait levier, ainsi elle a bien une autre force ; quand on a roulé le cartouche trois ou quatre fois entre cette planche et le banc, il est presque dur comme du bois. Voyez les figures. Planches XVI et XVII.

Les cartouches des fusées volantes qu'on tire devant l'empereur sont faits d'un carton mince, qui n'a que trois feuilles de *mao-teou-tchi*, tel que celui qui sert de modèle

du moule à fleurs que j'envoie ; ce papier est fait de chanvre. Si on craint pour le feu, on met trois ou quatre gros
d'alun par livre de colle de farine. Les cartouches des pétards sont faits du papier le plus cassant qu'on peut trouver; j'ai fait voir à un des artificiers de l'empereur de notre papier gris à filtrer, il l'a trouvé excellent pour faire
le carton des cartouches des jets de feu, en collant trois
feuilles ensemble.

Pour étrangler les cartouches des fusées à fleurs, ou jets
de feu, les Chinois se servent d'une machine qui ressemble
aux couteaux en usage dans les communautés pour tailler
le pain, excepté que cet instrument a deux lames, qui
vont à se rencontrer quand le couteau est fermé ; ces deux
lames ont des entailles, qui forment des ouvertures rondes
étant rapprochées. La lame supérieure a un manche, et à
l'autre extrémité elle est attachée à la manière du couteau
de cuisine dont j'ai parlé : la lame inférieure est fixe. Ces
lames ont deux lignes vers le dos, et une ligne à l'endroit
des entailles. On pose d'abord le cartouche à l'endroit où
on le veut étrangler dans l'entaille la plus large et, en fer-
mant le couteau, on appuie à petits coups, tournant un
peu le cartouche à chaque coup. Quand les deux entailles
joignent, on pose le cartouche dans un autre cartouche
moins grand, et on continue ainsi jusqu'à ce que le cartouche soit suffisamment étranglé ; ordinairement, la troisième entaille donne cet étranglement. J'ai dit dans mon
mémoire préliminaire qu'on délayait de l'argile dans la
colle dont on fait le carton de ces cartouches ; ainsi ce
carton se conserve humide et, par conséquent, il n'est
pas nécessaire de l'humecter à l'endroit de l'étranglement.
Le couteau à étrangler ne peut servir pour les cartouches des fusées volantes, ils sont trop durs, ils casseraient ;
on les étrangle comme chez nous.

Les cartouches des plus grandes fusées volantes de Chine,
telles que sont celles qu'on tire devant l'empereur, n'ont,

au plus, que cinq pouces et demi de long sur un pouce deux lignes de diamètre, compris l'épaisseur du cartouche, qui a trois lignes; ainsi le diamètre intérieur n'a que huit lignes. Les artificiers comptent sur un pied de longueur de baguette pour un pouce de longueur de fusée ; ainsi les baguettes de leurs grandes fusées volantes ont quatre pieds et demi au moins ; elles peuvent en avoir plus si elles sont légères à raison de l'espèce de bois dont on s'est servi, ou parce qu'elles sont trop menues ; les leurs sont, pour l'ordinaire, de bambou, qui est un bois pesant ; ils les arment assez souvent d'ailerons en bas, ils prétendent que les fusées en montent plus droit, en cas de vent; ils attachent ces ailerons avec des viroles, pour qu'ils tournent au gré du vent ; on a dû recevoir de ces fusées volantes avec leurs baguettes garnies d'ailerons.

On perce en Chine les fusées volantes au tour avec un foret ; jamais on ne les charge sur un culot garni d'une broche. Les artificiers chinois disent qu'on ne foulera pas si bien la matière. Quand ils chargent leurs fusées volantes, ils sont toujours deux ; l'un tient les fusées qu'il tourne à mesure que l'autre frappe, comme font nos mineurs : celui qui frappe tient le maillet à deux mains et frappe à petits coups secs, pour être plus sûr de frapper droit. Ils divisent leurs fusées volantes en quatre parties et demie ; ils en percent trois, en laissent une sans être percée, et une demie vide; on en trouvera les compositions à la fin: ils ne comprennent pas comment nos fusées volantes peuvent réussir ; les leurs ratent peu, elles montent ordinairement fort droit: ils n'ont pas l'usage des étoiles ; ils coiffent leurs fusées de boules de feu, de pétards, de serpentaux et d'une espèce de grosses mèches luisantes, dont on trouvera aussi les compositions. J'ai voulu leur apprendre à faire des étoiles ; ils ne sont point envieux de rien faire de nouveau; ils s'en tiennent à leur routine.

### Pluie de feu.

Les Chinois, pour faire la pluie de feu, se servent du plus petit sable de fer : ils font les cartouches de ces fusées longs de sept à huit pouces ; ils en remplissent environ la moitié d'argile pour les pouvoir tenir à la main tant qu'elles font leur effet, et parce que le sable fondrait dans le cartouche avant de sortir, si la charge avait trop de profondeur ; la composition n'aurait pas la force de le pousser dehors.

On ne fait point en Chine de trompes de feu, ni de ballons d'air.

### Jets de feu ou fusées à fleurs.

Quand j'ai parlé des diamètres des cartouches des fusées à fleurs, j'ai donné les diamètres des baguettes à rouler ; ainsi j'entendais le diamètre intérieur des cartouches et non du trou de la gorge ou de l'étranglement; la règle ordinaire est un peu plus du tiers du diamètre intérieur du cartouche. Au surplus, les Chinois ne sont pas si scrupuleux qu'on l'est chez nous sur cet article ; pourvu que la proportion soit à peu près gardée, cela leur suffit. Ils aiment mieux faire le trou de la gorge de la fusée un peu plus grand que trop étroit ; les jets de feu montent un peu moins, mais on est plus sûr de leur effet. Il est certain que si le trou de l'étranglement n'est pas proportionné non-seulement à la grandeur du cartouche, mais aussi à la force de la composition, l'on ne réussira pas : si le feu est violent et l'ouverture de la gorge étroite, le sable fondra dans le cartouche ou la fusée crèvera ou se défoncera : si l'ouverture est trop grande, le sable sortira sans fondre.

J'ai appris depuis peu à faire des cartouches d'argile, dont l'effet est charmant ; le premier dont j'ai fait l'essai me donna une gerbe de fleurs qui s'élevait à plus de 50 pieds de haut ; je tiens ce secret d'un des artificiers de l'empereur, avec qui j'ai fait connaissance, et qui vient me voir de temps en temps ; on trouvera ci-joint le patron en papier du moule sur lequel on fait les cartouches en question; il n'y aura qu'à faire tourner un morceau de bois selon ses dimensions. C'est proprement une grosse quille d'un pied de haut, dont le pied a 4 pouces 9 lignes de diamètre et la tête trois pouces ; on peut lui faire le pied de 5 pouces de diamètre en diminuant insensiblement jusqu'à trois pouces, cela reviendra au même. Ce moule est percé par le haut d'un trou rond de 9 lignes de diamètre et d'un pouce de profondeur, pour y insérer une fiche de 9 lignes de grosseur, de six pouces de long, bien unie qui entre un peu à force. Cette fiche sert à donner le trou de la gorge du cartouche et à retirer le moule du cartouche quand il est à demi sec, le couchant sur le côté, et frappant quelques petits coups sur la tête de la cheville. Pour faire ces cartouches, on détrempe de l'argile, dans laquelle on mêle de la filasse hachée et dépecée pour qu'elle soit plus liante : elle doit être bien pétrie dans le goût de celle que nos faiseurs de fourneaux pétrissent : on en forme de suite de gros magdaléons, dont on couvre le moule de deux bons pouces d'épais ; pour plus grande sûreté, on les couvre d'une légère couche de filasse de chanvre, qu'on recouvre elle-même de deux lignes de la même argile ; en finissant, on trempe les mains dans l'eau et on leur donne le poli. Le cartouche étant sec, on y colle, si l'on veut, du papier sur lequel on peint ce qu'on juge à propos, c'est un ornement. On charge dans ces cartouches de terre jusqu'à six livres de matière, laissant trois pouces et demi ou quatre pouces de vide, qu'on remplit de terre qui pelote tant soit peu. Lorsqu'on veut charger les cartouches, on en bouche le trou de la gorge avec un tampon de papier qui déborde en dedans, et qu'on y aplatit de deux ou trois coups de maillet sur la baguette à charger. Cette baguette a la forme d'un pilon ; elle est plus grosse par un bout que par l'autre, mais coupée unie par les bouts pour qu'elle porte bien à plat, le petit bout sert à charger d'abord, ensuite on se sert du gros bout, le cartouche étant en cône : ce pilon peut avoir deux pieds de long. On renverse le cartouche, le trou de la gorge posant contre terre ; une personne le contient, tandis qu'une autre le charge ; on met à la fois environ une demi-livre de composition, que je suppose qu'on a tamisée au moins deux fois pour la bien mêler, et avec le pilon on la foule bien, moins cependant que ne serait une fusée volante ; une trentaine de coups de pilon suffisent à chaque charge de demi-livre. Les Chinois aiment des repos dans ces sortes de fusées ; pour cet effet, après avoir chargé le tiers de la composition, ils appliquent dessus une feuille de papier un peu épais, qu'ils trempent dans l'eau immédiatement auparavant ; ce papier est taillé de la grandeur et forme de l'endroit où l'on l'applique : on le taille comme nous faisons les entonnoirs de papier gris à filtrer ; on le couche sur la composition avec le pilon, en frappant doucement ; on fait la même chose après avoir chargé le second tiers de la composition. Ces repos ont leur agrément ; on croit la fusée finie, et on est agréablement surpris de la voir recommencer, cela dépend du goût.

Les artificiers disent que le plus tôt qu'on peut tirer les fusées à fleurs c'est le mieux, parce qu'il est à craindre que le sable ne rouille, et que rouillé il ne donne point de fleurs : j'ai cependant l'expérience de quelques-unes de ces fusées, qui furent tirées plus d'un mois après avoir été chargées, qui eurent un effet charmant, et qui furent plus belles que d'autres semblables tirées en même temps, et qui venaient d'être chargées par le même artificier qui avait chargé les anciennes de la même composition ; je crois que pourvu qu'on mette les fusées chargées dans un endroit bien sec un peu élevé de terre, elles peuvent s'y conserver très bien plusieurs jours : je l'ai vu faire ainsi plusieurs fois, et les fusées réussirent fort bien. Il faut prendre garde de trop humecter d'eau-de-vie la composition ; il n'y en faut précisément que ce qui est nécessaire pour qu'elle pelote un peu ; pour pouvoir la fouler mieux, il faut plutôt l'humecter à plusieurs fois l'une après l'autre ; on pourrait même, pour plus grande sûreté, en faire une petite épreuve ; la composition trop humectée ne donne presque point de fleurs.

J'ai oublié de dire ci-dessus qu'avant d'appliquer sur le moule de bois les magdaléons d'argile préparée, il fallait l'entourer partout du haut en bas d'une feuille ou deux de papier mouillé, pour que l'argile ne s'attache pas sur le moule : sans cette précaution, l'on ne pourrait en détacher le cartouche.

La fusée étant chargée, on retire le tampon de papier qui bouche le trou de la gorge, et on y insère une mèche de a grosseur d'une plume à écrire, de peur du feu ; on entoure ce qui en sort, après en avoir un peu foulé sur la matière l'autre extrémité, d'un morceau de papier, qu'on fait ensuite entrer dans le trou de la gorge pour l'en retirer seulement lorsqu'on voudra tirer la fusée ; on peut même attendre à ce temps-là pour l'amorcer.

Les artificiers de l'empereur ne distinguent que trois sortes de sables, sable fin, moyen sable et gros sable ; le reste est du poussier qu'ils rejettent : ils disent que ce poussier peut servir à faire une pluie fine de feu. Le sable fin, ou premier sable, est de la grosseur de notre petite cendrée pour tirer aux moineaux ; le moyen sable est comme du plomb à cailles, et le gros sable comme du plomb à perdrix : j'en envoie un peu de chaque espèce pour servir d'échantillons ; du sable gros comme du plomb à lièvre donnerait de plus belles fleurs ; mais chez l'empereur on aime mieux que les fleurs s'élèvent davantage et ne soient pas si grandes :

il me semble que les grosses font un plus bel effet; laissons cela au goût d'Europe.

On trouvera parmi les compositions une espèce de fleur particulière que donne le noir de fumée; elle a quelque ressemblance avec nos fleurs d'œillet; cette composition ne se charge que dans de petits cartouches de carton, de la grosseur du doigt, ou de dix lignes de diamètre, compris le cartouche, qui a deux lignes d'épaisseur; ainsi leur diamètre intérieur est de huit lignes, l'ouverture de l'étranglement de deux lignes et demie; il ne faut que presser cette composition avec la baguette en tournant sans frapper; on met aussi un peu d'eau-de-vie dans la composition, pour quelle pelote un tant soit peu; les cartouches ont huit pouces de long; on n'en remplit que la moitié de composition, pour qu'elle ait la force de pousser les fleurs dehors, le reste se remplit de terre comme les autres dont j'ai parlé. On les tire à la main sans qu'il y ait rien à craindre. Si les cartouches sont coupés bien unis, on peut les planter comme des quilles, la fusée fait son effet sans se renverser. Pour en voir mieux l'effet, on les tire tout proche de soi à ses pieds. Il y a des artificiers qui mêlent du sable de fer dans la composition; chacun fait comme il l'entend. Ces sortes de fusées ont leur agrément, je les vois toujours avec un nouveau plaisir; elles sont très faciles à faire, on peut les tirer dans une chambre, sous la cheminée en plein jour, mais il faut tirer les rideaux et rendre la chambre obscure.

### Feux pour tirer sur l'eau.

Je ne connais en Chine que deux sortes d'artifice d'eau, des canards et des rats, c'est-à-dire que par-dessus une fusée volante on ajoute du papier, auquel on donne la forme de canard ou de rat; on les peint même si l'on veut; à la grosse fusée on en joint quelquefois d'autres petites garnies de même, qui ne paraissent que quand la grande a presque fini son effet, et qui s'en détachent : ce sont autant de petits canards autour de leur mère. Les Chinois n'ont pas le secret de communiquer le feu sous l'eau ; la fusée passe bien sous l'eau, mais elle ne communique le feu qu'en sortant.

Les soleils et les pots à feu n'ont point lieu dans les feux d'artifice chinois, leurs mèches à mettre le feu au canon sont des cordons de filasse de chanvre qu'on met tremper dans l'eau de lessive et qu'on fait ensuite sécher, les détirant avant qu'elles soient sèches avec un morceau de toile qu'on tient à la main, serrant le plus qu'on peut ; ce qui leur donne un coup d'œil lisse.

Leurs feux pour éclairer sont des mèches de la grosseur du petit doigt, remplies d'une composition particulière dont on retrouvera ci-après des recettes ; ils en allument grande quantité : selon qu'elles sont disposés, elles font de loin un bel effet. Ils font quelquefois des pyramides garnies de ces mèches pendantes : on dirait d'autant de diamants d'un éclat surprenant. Le cartouche de ces mèches brûle à mesure qu'elles s'usent ; pour les suspendre plus sûrement, ils enveloppent dans le cartouche, en le roulant, un fil de filasse de chanvre. Ces cartouches sont faits d'un grand carré de papier plié en deux qu'on roule simplement à la main, laissant déborder un des deux feuillets, en le pliant, de trois ou quatre lignes : on passe avec une brosse un peu de colle de farine sur ce bord de papier simple pour coller le cartouche en le finissant ; ensuite on retire la baguette à rouler de dedans le cartouche de la longueur d'un pouce et demi, et on serre cet endroit vide entre les doigts pour l'aplatir ; c'est par cet endroit aplati qu'on suspend ces mèches. On les ferme en renversant le bord sur la composition de deux côtés opposés.

Les Chinois goûtent fort des espèces de grandes lanternes, dont ils font tomber successivement différentes figures, des raisins, des dragons, des devises, quelquefois une grande quantité de petites lanternes tout allumées, jusqu'à cinq cents à la fois : on a de la peine à comprendre comment le tout peut être renfermé dans un si petit espace. Le tout est de papier plié, et ne se déploie qu'en tombant, demeurant suspendu tant que l'effet dure. Si on voulait exécuter de ces lanternes en Europe, le plus court et le plus sûr serait de charger quelque subrecargue de la compagnie des Indes d'en faire faire à Canton; la chose est très facile et de peu de dépense. Une explication détaillée de ces lanternes serait difficile à donner, et peut-être encore plus à entendre, au lieu qu'en en voyant une on sera d'abord au fait.

Dans les mêmes cartouches de grosses mèches à éclairer, on charge aussi une composition de fleurs, voyez n° 108. On tire ces petites fusées à la main par le bout aplati : on les emplit, en plongeant le bout du cartouche dans la composition; on en prend quelques lignes qu'on pousse au fond, et qu'on foule à chaque fois de quelques coups de baguette. On peut aussi tirer ces petites fusées sous une cheminée, comme les fusées où il entre dans la composition du noir de fumée au lieu de sable de fer.

## AVERTISSEMENT.

On trouvera dans les compositions suivantes l'expression des trois sortes de sable. On n'entend pas qu'on en mette égale partie de chaque espèce, mais qu'on tamise avec le tamis du gros sable une certaine quantité de sable, dont on a seulement séparé le poussier.

Si on veut se servir une seconde fois des cartouches de terre, il faut, quand ils sont encore chauds, en retirer la terre qu'on a mise par-dessus la composition; autrement on aurait de la peine à en venir à bout.

Toutes les compositions que j'envoie m'ont été données comme éprouvées, cependant je ne les garantis pas; quelques-unes paraissent mal dosées; j'ai marqué d'une astérisque celles que j'ai éprouvées ou que je regarde comme sûres : les nᵒˢ vis-à-vis de chaque composition serviront à dénoter celles sur lesquelles on voudrait explication, disant tel nᵒ.

*Différentes compositions de feux d'artifice chinois.*

| | Salpêtre. | | | Soufre. | | | Charbon. | | |
|---|---|---|---|---|---|---|---|---|---|
| | taels. | masses. | fen | taels. | masses. | fen | taels. | masses. | fen |
| Poudre à canon cuite. . . . | 16 | » | » | 2 | » | » | 3 | » | » |
| Poudre à canon non cuite. . | 16 | » | » | 3 | 2 | » | 2 | 4 | » |
| Poudre des mèches. . . . . | 4 | » | » | » | » | » | 1 | 5 | » |
| Poudre des pétards. . . . . | 4 | » | » | » | 8 | » | » | 7 | » |
| Grandes fusées volantes. . . | 10 | » | » | » | 3 | » | 3 | » | » |
| Petites fusées volantes. . . . | 10 | » | » | » | 5 | » | 5 | » | » |

Boules de feu. . . . . . . { Salpêtre 4 taels, soufre 2 taels, camphre 4 masses, résine 4 masses. Poudre à mèches 2 taels, poudre à canon 2 taels; on mêle le tout avec un peu d'eau gommée.

* Mèches pour éclairer. . { Salpêtre 10 taels, soufre 5 taels, orpiment 2 taels

Autre couleur d'or. . . . { Salpêtre 2 taels, soufre 4 masses, céruse 3 masses, gomme gutte 2 masses, orpiment 5 masses.

Autre couleur d'argent. . { Salpêtre 1 tael, soufre 3 taels, céruse 4 masses.

### Composition des fleurs.

*Sable fin.*

| | Salpêtre. | | | Soufre. | | | Charbon. | | | Sable. | | |
|---|---|---|---|---|---|---|---|---|---|---|---|---|
| | tael. | masse. | fen | tael. | masse. | fen | tael. | masse. | fen | tael. | masse. | fen |
| 1 | 16 | » | » | 1 | 1 | 2 | 1 | 9 | 6 | 8 | » | » |
| 2 | 10 | » | » | » | 8 | » | » | 7 | » | 3 | » | » |
| 3 | 10 | » | » | » | 8 | » | » | 7 | » | » | 2 | » |
| 4 | 4 | » | » | » | 2 | » | » | 2 | » | 3 | 2 | » |
| * 5 | 4 | » | » | » | 8 | » | » | 8 | » | 2 pour amorcer les fusées des fleurs si l'on veut. | | |
| * 6 | 4 | » | » | » | 8 | » | » | 8 | » | 2 | 4 | » |

* Voyez nᵒ 108.

| | Salpêtre. | | | Soufre. | | | Charbon. | | | Sable. | | |
|---|---|---|---|---|---|---|---|---|---|---|---|---|
| | tael. | masse. | fen | tael. | masse. | fen | tael. | masse. | fen | tael. | masse. | fen. |
| 7 | 10 | » | » | » | 5 | » | » | 5 | » | 2 | » | » |
| 8 | 10 | » | » | » | 8 | » | » | 8 | » | 3 | » | » |
| 9 | 4 | » | » | 1 | » | » | 1 | » | » | 4 | » | » |
| 10 | 16 | » | » | » | 4 | » | » | 4 | 8 | 2 | » | » |
| 11 | 5 | » | » | 1 | » | » | 1 | » | » | 1 | 5 | » |
| 12 | 16 | » | » | 1 | 1 | » | 1 | » | » | » | 3 | 5 |
| 13 | 1 | » | » | » | 3 | 5 | » | 3 | 5 | » | 5 | » |
| 14 | 1 | » | » | » | » | 7 | » | » | 5 | » | 2 | » |
| 15 | 1 | » | » | » | 2 | » | » | 2 | » | » | 2 | » |
| 16 | 1 | » | » | » | 1 | 8 | » | 4 | » | » | 7 | » |
| 17 | 1 | » | » | » | 2 | 5 | » | 2 | 2 | » | 5 | » |
| 18 | 1 | » | » | » | 2 | » | » | 6 | » | 1 | 1 | » |
| 19 | 1 | » | » | » | 1 | » | » | 1 | » | » | » | 6 |
| 20 | 1 | » | » | » | 1 | 2 | » | 6 | » | 1 | » | » |
| 21 | 1 | » | » | » | 2 | 5 | » | 3 | » | » | 3 | » |
| 22 | 1 | » | » | » | 2 | » | » | 7 | 8 | » | 5 | » |
| 23 | 1 | » | » | » | 1 | 2 | » | 5 | » | » | 3 | » |

*Sable fin.*

| | | | | | | | | | | | | |
|---|---|---|---|---|---|---|---|---|---|---|---|---|
| 24 | 1 | » | » | » | 4 | » | » | 4 | » | » | 9 | » |
| 25 | 1 | » | » | » | 2 | » | » | 2 | 8 | » | 5 | » |
| 26 | 1 | » | » | » | 1 | 5 | » | 2 | » | » | 2 | » |
| 27 | 4 | » | » | » | 2 | 8 | » | 3 | 8 | 1 | 1 | » |
| 28 | 4 | » | » | » | 6 | 4 | » | 7 | 6 | » | 8 | » |
| 29 | 10 | » | » | 2 | » | » | 8 | » | » | 15 | » | » |
| 30 | 4 | » | » | » | 2 | 5 | » | 2 | » | » | 5 | » |
| 31 | 10 | » | » | 3 | » | » | 2 | » | » | 10 | » | » |
| 32 | 10 | » | » | 2 | 5 | » | 2 | 5 | » | 3 | » | » |
| 33 | 4 | » | » | » | 8 | » | » | 4 | » | 3 | » | » |
| 34 | 10 | » | » | 2 | 5 | » | 2 | » | » | 5 | » | » |
| 35 | 10 | » | » | 2 | » | » | 3 | » | » | 5 | 2 | » |
| 36 | 10 | » | » | 2 | » | » | 2 | » | » | 9 | » | » |
| 37 | 10 | » | » | » | 5 | » | 5 | » | » | 8 | » | » |
| 38 | 16 | » | » | 7 | 2 | » | 2 | » | » | 16 | » | » |
| 39 | 10 | » | » | 2 | 5 | » | 2 | 5 | » | 6 | » | » |
| 40 | 10 | » | » | 1 | 3 | » | » | 8 | » | 6 | » | » |
| 41 | 10 | » | » | » | 8 | » | 4 | 5 | » | 7 | » | » |
| 42 | 10 | » | » | 3 | » | » | 4 | » | » | 6; camphre 1 tael. | | |
| 43 | 10 | » | » | 3 | » | » | 2 | » | » | 7 | » | » |
| 44 | 10 | » | » | 3 | » | » | 3 | 5 | » | 10 | » | » |
| 45 | 10 | » | » | 1 | 5 | » | 5 | » | » | 8 mou-kiang. | | |

## Moyen sable.

| | Salpêtre. | | | Soufre. | | | Charbon. | | | Sable. | | |
|---|---|---|---|---|---|---|---|---|---|---|---|---|
| | tael | masse | fen | tael | masse | fen | tael | masse | fen | tael | masse | fen |
| 46 | 16 | » | » | 3 | 9 | 2 | 1 | 6 | » | 14 | » | » |
| *47 | 4 | » | » | » | 9 | » | » | 9 | » | 3 | » | » |
| *48 | 4 | » | » | 1 | » | » | 1 | » | » | 2 | 8 | » |
| 49 | 1 | » | » | » | 1 | 5 | » | » | 6 | 1 | 2 | » |
| *50 | 1 | » | » | » | 1 | 5 | » | 2 | » | » | 6 | » |
| 51 | 1 | » | » | » | 1 | 5 | » | 3 | » | » | 3 | » |
| 52 | 1 | » | » | » | 2 | 5 | » | 1 | » | » | » | 7 |
| 53 | 1 | » | » | » | 1 | 7 | » | 2 | 8 | » | 5 | 2 |
| 54 | 1 | » | » | » | 2 | » | » | 2 | » | » | 1; ceruse 5 fen. | |
| 55 | 1 | » | » | » | 2 | 7 | » | » | 4 | » | 1 | » |
| 56 | 1 | » | » | » | 1 | 6 | » | 1 | 4 | » | 3 | » |
| 57 | 1 | » | » | » | 2 | » | » | 2 | » | » | 2 | » |
| 58 | 1 | » | » | » | 2 | » | » | » | 8 | » | 2 | » |
| 59 | 1 | » | » | » | » | 8 | » | » | 9 | » | 1 | 5 |
| 60 | 1 | » | » | » | » | 9 | » | 7 | » | » | 1 | 8 |
| 61 | 1 | » | » | » | » | 9 | » | 1 | 9 | » | 2 | » |
| 62 | 1 | » | » | » | » | 9 | » | » | 7 | » | 3 | » |
| *63 | 16 | » | » | » | 9 | » | » | 9 | » | » | 5 composition lente pour les repos des cartouches de papier. | |
| 64 | 16 | » | » | 4 | 8 | » | 3 | 6 | » | 16 | 6 | » |
| 65 | 16 | » | » | 4 | » | » | 4 | » | » | 1 | » | » |
| 66 | 4 | » | » | 1 | 2 | » | 1 | 2 | » | 1 | 2 | » |
| 67 | 4 | » | » | 1 | 2 | » | » | 1 | 2 | » | 2 | 4 |
| 68 | 10 | » | » | 2 | » | » | 4 | » | » | 8 | » | » |
| 69 | 4 | » | » | 1 | 3 | » | 1 | » | » | 5 | 4 grande ouverture de gorge 6 ligne. | |
| 70 | 10 | » | » | » | 5 | » | » | 5 | » | 2 | » | » |
| 71 | 10 | » | » | 3 | » | » | 2 | » | » | 10 grande ouverture. | | |
| 72 | 4 | » | » | » | 8 | » | » | 4 | » | » | 4 | » |
| 73 | 4 | » | » | 1 | » | » | 1 | » | » | 3 | 5 | » |
| 74 | 10 | » | » | 3 | 2 | 5 | 2 | 8 | » | 7; camphre 1 masse. | | |
| *75 | 10 | » | » | 3 | » | » | 2 | 5 | » | 7 | 5 pour le petit cartouche de terre. | |
| *76 | 10 | » | » | 2 | 5 | » | 2 | 5 | » | 6 | » | » |
| *77 | 10 | » | » | 2 | 2 | » | 2 | » | » | 4 | » | » |

* Voyez n° 108.

### Gros sable.

| | Salpêtre. | | | Soufre. | | | Charbon. | | | Sable. | | |
|---|---|---|---|---|---|---|---|---|---|---|---|---|
| | tael | masse | fen | tael | masse | fen | tael | masse | fen | tael | masse | fen |
| * 78 | 10 | » | » | 3 | 2 | » | 1 | 2 | » | 8 pour le grand cartouche de terre. | | |
| * 79 | 10 | » | » | 3 | 3 | » | 1 | 3 | » | 8 | » | » |
| * 80 | 4 | » | » | » | 8 | » | 1 | 6 | » | 2 | 4 | » |
| 81 | 1 | » | » | » | 2 | » | » | 2 | 2 | » | 6 | 5 |

### Différents sables mêlés.

| | Salpêtre. | | | Soufre. | | | Charbon. | | | Sable. | | |
|---|---|---|---|---|---|---|---|---|---|---|---|---|
| * 82 | 1 | » | » | » | 1 | 5 | » | 2 | » | { 1 sable fin. / 5 moyen. | | |
| 83 | 1 | » | » | » | 3 | 5 | » | 2 | 5 | 6 · 3 sable mêlés. | | |
| 84 | 1 | » | » | » | 6 · | » | » | 6 · | » | { 3 sable fin } céruse 5 f. / 5 moyen } | | |
| 85 | 1 | » | » | » | » | 5 | » | 3 | » | { 2m. 5 f. moyen / 2  5  gros } cinabre-minéral 4 feu, orpiment 5 feu. | | |
| 86 | 1 | » | » | » | » | 7 | » | » | 7 | { 1  6 fin. / 6 moyen. | | |
| 87 | 1 | » | » | » | 2 | » | » | 2 | 5 | { 2 gros / 6 moyen } arsenic 2 m. / 4 fin | | |
| 88 | 1 | » | » | » | 2 | 5 | » | 3 | » | 5m. des trois sortes. | | |
| 89 | 1 | » | » | » | » | 7 | » | » | 8 | 3m. des trois sortes. | | |
| 90 | 1 | » | » | » | » | 6 | » | » | 8 | { 1m. 5 f. moyen. / 1  5 f. gros. | | |
| 91 | 10 | » | » | » | 2 | 5 | 2 | 5 | » | { 6 t. sable fin. / 2  moyen. | | |
| 92 | 16 | » | » | » | 3 | 2 | 3 | 2 | » | { 6 f. fin. / 6  moyen. | | |

### Composition avec noir de fumée au lieu de charbon.

| | Salpêtre. | | | Soufre. | | | Charbon. | | | Sable. | | |
|---|---|---|---|---|---|---|---|---|---|---|---|---|
| * 93 | 10 | » | » | 3 | » | ⅄ | 2 | 8 noir | | arsenic 2 t. 2 m. | | |
| 94 | 10 | » | » | 2 | » | » | 2 | » | » | 1m. sable fin. | | |
| 95 | 5 | » | » | 1 | » | » | 1 | » | » | 3m. 5 f. sable fin. | | |
| 96 | 1 | » | » | » | 2 | 3 | » | 2 | » | arsenic 7 f. | | |
| 97 | 1 | » | » | » | 2 | 5½ | » | 2 | 4 | arsenic 8 f. | | |

* Voyez n° 108.

| | Salpêtre. | | | Soufre. | | | Charbon. | | | Sable. |
|---|---|---|---|---|---|---|---|---|---|---|
| | tael | masse | fen | tael | masse | fen | tael | masse | fen | tael masse fen |
| 98 | 1 | » | » | » | 2 | » | » | 2 | 4 | arsenic 5 f. |
| 99 | 1 | » | » | » | 4 | » | » · | 3 | » | arsenic 1 m. cinabre minéral 4 f. |
| 100 | 1 | » | » | » | 2 | » | » | 3 cha. | | 7 m. 5 f. sable fin. noir de fumée 1 m, 5 f. |
| 101 | 1 | » | » | » | 4 | » | » | 3 | 9 | sable fin 5 m. |
| 102 | 1 | » | » | » | 5 | » | » | 1 | » | arsenic 4 f. |
| 103 | 1 | » | » | » | 1 | 5 | » | 2 | » | sable moyen 2 m. |
| 104 | 1 | » | » | » | 2 | 3 | » | 2 | 4 | sable moyen 9 f. |
| 105 | 10 | » | » | 4 | » | » | 2 | 5 | » | sable moyen 2 t. 5 m. petit cart. petite ouvert. 2 lignes. |
| 106 | 10 | » | » | 4 | » | » | 2 | 2 | » | cartouche mou. |
| 107 | 10 | » | » | 4 | » | » | 2 | 2 | » | arsenic 1 t. sable fin 3 t. petite ouv. |
| * 108 | 10 | » | » | » | 7 | 5 | 7 | » | 5 | 6 sable fin yng-lo. |

1t signifie 1 tael, 1m une masse, 1f 1 fen.

NOTA. Si on soupçonne que le noir de fumée ne soit pas pur, il faut le laver, et ne prendre que ce qui surnagera; on le fera bien sécher avant de s'en servir.

On donne ordinairement 2 lignes d'épaisseur aux cartouches du sable fin, 4 lignes à ceux du moyen sable, et 6 à ceux du gros sable. Le diamètre intérieur des cartouches du sable fin est depuis 4 lignes jusqu'à 10, celui du moyen sable est depuis 6 lignes jusqu'à 1 pouce 2 lignes, celui du gros sable depuis 1 pouce 2 lignes jusqu'à 2 pouces et plus. L'ouverture de la gorge ou étranglement, doit avoir pour le moins le tiers du diamètre intérieur du cartouche : on ne risque rien à la faire un peu trop grande ; les fleurs en monteront moins haut, mais on est plus sûr de l'effet. Les petits cartouches de yng-lo de 4 lignes de diamètre intérieur et d'une demi-ligne d'épaisseur, ne sont point étranglés, non plus que ceux des mou-kiang, qui ont dix lignes de diamètre : on en bouche simplement le fond avec un tampon de papier, et on les remplit de composition sans y ajouter de terre. L'ouverture étant de toute la largeur du cartouche, la composition a assez de force pour pousser le sable dehors.

Voir les planches XVI et XVII et les explications de ces planches.

# EXPLICATION DES FIGURES.

## PLANCHE I<sup>re</sup>.

Les figures de cette planche sont des *fac-simile* de quelques-uns des dessins qui se trouvent dans le manuscrit arabe de la Bibliothèque royale, n° 1127, ancien fonds, ayant pour titre : *Traité de l'art de combattre à cheval et des machines de guerre*. On sait que la date de ce manuscrit remonte à la seconde moitié du treizième siècle.Voir l'avant-propos, page 5. Nous allons indiquer les noms des artifices et des armes, d'après la place qu'ils occupent dans le manuscrit.

Fig. 1 (fol. 34, recto et verso). Têtes de lance.

Fig. 2 (fol. 36, verso). Balles de verre.

Fig. 3 (*ibid.*). Sections de khesmanat.

Fig. 4 (*ibid.*). Balles de verre, avec leur amorce.

Fig. 5 (*ibid.*). Pots à feu.

Fig. 6 (fol. 37, verso). On voit probablement ici l'artifice connu sous le nom de langue à feu.

Fig. 7 (fol. 71, verso). La lance à feu.

Fig. 8 (fol. 74). Lance à feu avec section de khesmanat et avec dard du Khatay.

Fig. 9 (fol. 71). Le Borthab.

Fig. 10 (fol. 72). Lance à feu avec dard du Khatay.

Fig. 11 (fol. 73). La lance avec massue à tête composée.

Fig. 12 (fol. 72, verso). La lance à fleurs.

Fig. 13 (fol. 73, verso). La lance avec section de khesmanat.

Fig. 14 (fol. 73). La lance avec du faccaa.

Fig. 15 (fol. 78, verso). Fer de flèche en roseau.

Fig. 16, 17 et 18 (fol. 81 et 82). Flèches de Mangonneau.

18

Fig. 19 (folio 78, recto et verso). Massues pour asperger.

Fig. 20 (fol. 76). Massue de guerre.

Fig. 21 (fol. 84). Flèche du Magreb.

Fig. 22 (fol. 83). Autre flèche à feu.

## PLANCHE II.

Les figures de cette planche sont, comme celles de la planche 1re, des *fac-simile* de dessins du manuscrit arabe n° 1127, ancien fonds de la Bibliothèque royale.

Fig. 23 (fol. 88). La marmite de Syrie.

Fig. 24 (fol. 85). La marmite de l'Irac.

Fig. 25 (fol. 86). La marmite du Magreb.

Fig. 26 (fol. 85, verso). Autre marmite du Magreb.

Fig. 27 (fol. 87, verso). Autre marmite.

Fig. 28 (fol. 87). Vase de Helyledjeb.

Fig. 29 et 30 (fol. 86 verso, et 87). Autres marmites.

Fig. 31 (fol. 101, verso). L'œuf qui se meut et qui brûle.

Fig. 32 (fol. 87 verso), et fig. 33 (fol. 89). Ces figures sont indubitablement des dessins très grossiers des deux genres de machines à fronde dont nous avons parlé (pag. 48 et 193). Il faut une certaine attention pour distinguer la fronde qui contient le projectile et la pièce de bois qui, en tournant autour d'un point fixe, mettait la fronde et le projectile en mouvement. Dans la figure 33, on peut voir du côté opposé au point d'attache de la fronde, des cordes qui servent à faire mouvoir la pièce de bois; tandis que dans la figure 31, ces cordes sont remplacées par un plateau destiné à recevoir le contre-poids. Ces machines deviendront beaucoup plus faciles à comprendre, à l'aide de quelques-unes des planches qui suivent. (Voir l'explication de la pl. IV.)

## PLANCHE III.

Les figures de cette planche sont comme celles des deux précédentes, exactement calquées sur le manuscrit arabe, n° 1127, ancien fonds de la Bibliothèque royale.

Fig. 34 et 35 (folio 100). Navires arabes sur lesquels on remarque les pots contenant *le feu grégeois*, dont nos historiens font si souvent mention. Nous avons représenté ici ces deux figures, dans la pensée qu'on ne verrait pas sans intérêt la forme des navires, la forme et la disposition des voiles chez les Arabes, au treizième siècle. Ces deux dessins nous paraissent pouvoir être de quelque utilité pour l'histoire de l'art des constructions navales.

Fig. 37 (fol. 70, verso). Bouclier auquel doit être attaché l'artifice appelé *maison de feu.*

Fig. 36 (folio 90), et fig. 38 (folio 88 verso). Ces deux figures représentent encore des machines à fronde. Celle de la figure 38 doit être mue par la force des bras. Celle de la figure 36 marche à l'aide d'un contre-poids.

## PLANCHE IV.

Les dessins et les écritures de cette planche sont tirés du manuscrit latin de la Bibliothèque royale, portant le n° 7239, dont la composition remonte aux dernières années du quatorzième siècle ou au commencement du quinzième. (Voir page 214.)

Fig. 1 (folio 22, verso). Ce dessin représente une nouvelle disposition des machines à fronde représentées planches II et III. Comme la figure est ici très claire et permet de suivre le jeu de la machine; elle aide à comprendre les machines les plus puissantes employées dans les siéges, pendant le moyen âge, machines qui furent presque toutes fondées sur le même principe et qui ne différaient que dans quelques-unes de leurs dispositions.

Cette figure offre une forte pièce de bois, suspendue sur deux tourillons placés dans des encastrements; à l'extrémité supérieure de cette pièce de bois se trouve un crochet auquel est attachée une forte corde portant en son milieu une poche semblable à celle d'une fronde. A l'extrémité inférieure de la pièce de bois se trouve un contre-poids assez lourd pour que la pièce de bois ne se trouve en équilibre que dans la position verticale. Supposons maintenant que la corde qui est représentée ici, dans la position qu'elle prend au moment du départ du projectile, soit retombée; des bras pourront la saisir, et en tirant fortement, ils feront tourner la pièce de bois autour de ses tourillons, de manière à amener dans la partie inférieure le crochet qui se trouve maintenant en haut; alors un projectile sera placé dans la cavité de la fronde, et si on lâche la corde, le contre-poids fera tourner la pièce de bois, qui imprimera

18.

son mouvement à la corde et au projectile. En vertu de la force centrifuge, ce projectile qui aura tendu la corde de la fronde, l'abandonnera à un certain moment, pour s'élancer dans l'espace et retomber à une distance plus ou moins grande.

Fig. 2, 4 et 5 (folio 22, verso). Ces figures représentent des projectiles que l'on peut lancer avec la machine à fronde. Le projectile placé au haut représente une pierre à laquelle est attachée une composition incendiaire. Au-dessous de la figure 2 se trouve l'inscription : *Plenus putrefacta.*

La figure 4 représente un tonneau rempli de matières putréfiées. Les deux figures 2 et 4 nous font donc voir ce genre de projectiles si usité dans le moyen âge, et dont Froissard parle si souvent. Les assiégeants étaient dans l'usage d'employer contre leurs adversaires le secours de matières animales en putréfaction, pour corrompre l'eau qu'ils buvaient, l'air qu'ils respiraient.

Fig. 5. Cette figure représente un tonneau rempli d'une composition incendiaire en combustion. Ce sont probablement des projectiles de cette sorte que les Arabes lançaient contre les Français d'une des rives du Nil à l'autre, dans la croisade qui a été racontée d'une manière si pittoresque par le sire de Joinville.

Fig. 3 (folio 15). Ce dessin accompagné de l'inscription : *Pluteus trium rotellarum murum frangens*, représente un de ces abris mobiles, à l'aide desquels les assiégeants s'avançaient au pied des murailles pour les saper. On voit que ce genre de machine, en usage chez les Grecs et chez les Romains de l'antiquité, était encore usité dans le moyen âge.

## PLANCHE V.

Les figures de cette planche sont empruntées au manuscrit latin, n° 7259, de la Bibliothèque royale.

Fig. 1 (folio 109). Cette figure représente à la fois deux machines. L'une est une machine à fronde très compliquée et très perfectionnée, dans laquelle on peut remarquer une corde et un treuil qui servent à faire descendre la fronde.

A côté de cette machine s'en trouve une d'une espèce différente qui sert aux assiégeants pour combattre les défenseurs placés sur les murailles, pendant que le belier mis en mouvement sur des rouleaux, bat la muraille pour y faire brèche. La disposition du plan incliné qui permet aux assiégeants de monter avec facilité aux deux étages de cette tour, donne lieu de croire que ce dessin représente une machine mentionnée dans l'*Histoire du Bas-Empire*, de Lebeau, et qui servit à une attaque de Constantinople faite par les Génois en 1348.

Ce qui tend à nous confirmer dans cette idée, c'est une remarque qui a été faite par M. Jomard dans un Mémoire lu à l'Académie des inscriptions et belles-lettres; au folio du manuscrit qui précède le dessin reproduit ici, il s'en trouve un autre qui est un plan en perspective de Constantinople et de Galata. Dans ce dessin, la ville de Galata est représentée à moitié détruite, comme elle devait l'être dans cette circonstance, d'après le récit de Lebeau. Voici, du reste, le passage où cet historien décrit la machine employée par les Génois : « Les Génois attaquèrent la ville par terre et par mer, et livrèrent des assauts très meurtriers. Ils établirent des planches en gradins, dont l'étage supérieur s'élevait à une hauteur qui surpassait celle des murailles de Constantinople (1).

Fig. 2 (fol. 109). Ce dessin représente un tonneau F rempli de compositions incendiaires en combustion. Ce tonneau est lancé par la machine à fronde.

Fig. 3 (folio 109). Ce dessin représente un gros boulet en pierre, lancé par la machine à fronde qui abat la partie supérieure d'une tour de petite dimension.

## PLANCHE VI.

Ce dessin est encore emprunté au manuscrit latin, n° 7239, de la Bibliothèque royale (folio 110).

La figure de cette planche donne une reproduction si détaillée et si bien faite de la machine à fronde en partie cachée dans la planche précédente, qu'avec ce dessin il serait possible de la reconstruire avec exactitude.

_____

(1) *Histoire du Bas-Empire*, édition de MM. Saint-Martin et Brosset, tom. XX, page 245.

## PLANCHE VII.

Ce dessin, qui est pris dans le manuscrit latin n° 7239 (folio 52 verso) de la Bibliothèque royale, acquiert une grande importance de ce qu'il constate l'emploi de la poudre dans les mines, en Orient, longtemps avant l'époque où cet usage a été constaté dans l'Occident. Disons d'abord que sur le folio qui, dans notre manuscrit, précède celui où se trouve cette peinture, s'en trouve une à peu près semblable, où seulement on ne voit pas comme ici les deux tonneaux probablement remplis de poudre. Au bas de cette peinture, que nous n'avons pas cru nécessaire de reproduire, se trouve l'inscription suivante, qui montre qu'on avait conservé l'usage des mines, telles qu'elles avaient été employées dans l'antiquité.

« A Ruberto desideratur adquirere rocham positam super mon-
« tem, et est hoc difficile. Rubertus habebat recursum ad fossatores
« qui fodiant dictam montaniam aut montem, si ipsa est cretosa,
« sive tuffosa, aut petrillosa, quæ fodi possit, et sic graduatim ver-
« sus rocham fiant scalæ ascendentes, donec cavatores veniant sub
« rocha juxta eam, et postea fundamenta murorum rochæ habeant
« super lignamina substinentia, et lignaminibus missis murorum
« fundamentis, et postea stuppis sichis olio unctis, sive pinguedine
« porcorum, igne incendatur stuppæ, et combustio lignorum sub-
« stenimentis, statim rocha ruit. »

Au bas du dessin représenté planche VII, se trouve l'inscription suivante :

« Desideras rocam tuorum hostium adipisci super montem posi-
« tam; fiant fovoæ, alias cavernæ, per fossores euntes usque ad
« medium rochæ, et quando sentiunt strepitum pedum sub terra,
« tunc ibi faciant plateam ad modum furni, in quo mittantur tres
« aut quatuor caratelli pulvere bombardæ pleni, ex parte superiori
« directi, et postea ponatur funiculus sulferatus in caràtellum, et
« veniat extra exitum postarum cavernarum, et murentur dictæ
« portæ lapidibus, arena et calce grosso muro, et postea incenda-
« tur funiculus. Tunc ignis transit per funiculum usque ad pulve-
« rem caratelli, illico elevatur flamma, ruit tota roca. »

Ces deux importants passages montrent comment l'art des mines à poudre, quoique connu et pratiqué, n'était pas encore assez avancé pour avoir fait entièrement abandonner l'ancien système des mines ; car ici, l'emploi de la poudre est indiqué pour le cas où le fort est situé sur un roc, parce qu'alors il ne suffit plus de creuser de larges galeries et d'en brûler ensuite les soutiens, pour faire écrouler les terres et les murailles. Dans ce cas les mines à poudre peuvent seules réussir, et l'auteur les prescrit en conséquence. Mais en même temps l'auteur du manuscrit parle de l'usage immémorial qui consistait à creuser sous un édifice ou un sol qu'on voulait bouleverser, à l'étayer sur des appuis factices, et ensuite à mettre le feu aux étais. On sait qu'en Occident les premiers essais dans l'art des mines à poudre, eurent lieu en 1487, au siége de Serezanella ; et ce ne fut qu'en 1505 que Pierre Navarre de réussit à faire sauter les murailles du château de l'Œuf à Naples. Mais notre manuscrit prouve que, ni Francisco Giorgio, ni Pierre de Navarre ne furent les premiers inventeurs de l'art actuel des mines.

## PLANCHE VIII.

Ce dessin, qui représente un cavalier armé d'une lance à feu, est encore copié dans le manuscrit latin, n° 7239, de la Bibliothèque royale (folio 72). On lit sur la planche l'inscription suivante :

« Oportet, prout dictum est a folio 66, quod eques portans has-
« tam cum igne ad faciendum fugam. Eques semper sit armatus
« totus et equus suus totus bardatus, ne a favillis ignis recipiat pas-
« sionem ; et quanti plurimi sunt equites inter campum hostium
« currentes majorem faciunt fugam hostibus, et oportet quod frus-
« tum ligni ardentis sit de sinepero vel cupresso, in furno dessiccato,
« et postea tenere eum fundatum in olio aliquot diebus, aut pin-
« guedine porci, et inde accendatur. »

## PLANCHE IX.

Ce dessin est extrait du manuscrit latin n° 7239 de la Bibliothèque royale (folio 58 verso).

Cette figure qui constate l'emploi de compositions incendiaires, avec un mantelet roulant, est accompagnée de l'inscription suivante :

« Cerbotana ambulatoria.

« Currus ignem ferens ad comburendum portas, et est utilis
« in navigio ad comburendum hostium navigia. Nota quod carateli

« intus uncti prius tormentina et postea pulverizati sulfure et
« pice simul contritis, et postea intus mittatur aridum olio unctum
« cum igne, facit incendarium elevans altius magnam flammam, ab
« aqua non extinguitur. »

## PLANCHE X.

Ce dessin est extrait du manuscrit latin n° 7239 de la Bibliothèque royale (folio 20).

Cette figure représente un char incendiaire, accompagné de l'inscription suivante :

« Ad faciendum rupturam hostibus currus iste falcatus ac ductus
« ab equis currentibus contra inimicos ac hostes tuos. Et notandum
« est quod naturaliter equi hostium fugiunt ignem; equi ducentes
« currus ante capita eorum sint repagula de panno ne fovillæ eis
« noceant. »

## PLANCHE XI.

Ces dessins sont copiés dans le manuscrit latin 7239 de la Bibliothèque royale.

Fig. 1 (folio 25 verso). Machine assez compliquée, à l'usage des
compositions incendiaires dans la guerre de siége. On lit au-dessous
l'inscription suivante :

« Istum domicilium ambulatorium portans secum perticas cum
« caldariis ardentibus, unctis tormentina, pice et sulfure bene con-
« tritis, et in medio stuppa olio uncta, de quibus fit incendarium
« quod ab aqua non extinguitur, et possunt dictæ perticæ altius
« levari et inferius declinari contra portas, sive propugnacula, aut
« bertescas sive ventosas comburendi et fossum occupare et ripis
« ejus hærere. Non oportet dicere homines in eo stantes balistis,
« scopetis, ad se defendendum et hostes offendendum. »

Fig. 2. (folio 62). Fantassin armé d'une lance à feu.

Fig. 3. (folio 57). Tortue employée pour une composition incendiaire.

Fig. 4. (folio 57). Tonneau au-dessous duquel se trouvent les
mots *tormentina, pix et sulfur*, qui paraissent en indiquer le contenu.

Fig. 5. (*ibid.*). Pot avec l'inscription *pix et sulfur*.

## PLANCHE XII.

Ce dessin, qui est copié sur le manuscrit latin 7239 de la Bibliothèque royale (folio 94), montre un échantillon des compositions incendiaires employées dans la guerre maritime. On y lit l'inscription suivante :

« Navicula habens arborem, in qua est pertica girans caratellum « ardentem. Oportet quod funis caratelli runcula sive falce incida- « tur ac dimittatur super hostium navigia ruere, ut accendantur na- « vigia præfatorum hostium. »

## PLANCHE XIII.

Ce dessin, qui est encore copié dans le manuscrit latin 7239 de la Bibliothèque royale (folio 86), montre un autre emploi des compositions incendiaires dans la guerre maritime. On y lit l'inscription suivante :

« Navigium lignamine tectum. Est in eo aries frangens navem, « ac comburet in bello majora navigia tuorum hostium, et est valde « utilis, quia magis offendit quam offendatur. »
Au-dessous d'un vase, contenant une matière en combustion, on lit encore les mots *sulfur et tormentina navalis*.

## PLANCHE XIV.

Fig. 1. Dessins extraits de la Pyrotechnie de Biringuccio ; folio 164. Paris, 1572. — Cet écrivain conseille, dans certaines circonstances, l'usage des piques et des lances armées d'une fusée attachée à leur pointe.

Fig. 2. Dessin copié dans la Pyrotechnie de Biringuccio ; folio 163, verso. Il représente l'emploi contre la cavalerie, de petites fusées lancées par des canons et qui brûlent ensuite à terre sans se mouvoir.

Fig. 3. Dessin emprunté à la Pyrotechnie de Hanzelet Lorrain, page 260. On y voit des balles artificielles qui, projetées dans l'eau quand elles sont allumées, s'y enfoncent sans s'éteindre, qui remontent ensuite à la surface et continuent à brûler.

## PLANCHE XV.

Ces dessins sont empruntés au Mémoire du père Amyot sur l'Art militaire des Chinois (tom. VIII des Mémoires sur les Chinois).

Fig. 1. « Ta-chen-tchoung, gros canon sur son affût. Ce canon est appelé Ta-chen-tchoung , c'est-à-dire grand esprit, à cause de la promptitude avec lequel on le fait agir. »

Le père Amyot ne s'est-il pas encore trompé ici sur la nature de cette machine? Le dessin paraît représenter une mèche à la partie antérieure, ce qui semble indiquer que le feu doit être mis par la bouche ; cette circonstance tend à faire croire que c'est une machine destinée à lancer des matières incendiaires plutôt qu'un canon.

Fig. 2 A. « Arme à feu nommée *nid d'abeilles*. Un homme peut la porter sur son dos au moyen d'une courroie qui passe par les anneaux *a, b*.

Fig. 3 B. Instrument sur lequel on appuie cette arme. Elle est une des plus terribles qu'on puisse employer, disent les Chinois. Elle tient le milieu entre le canon et le fusil, et fait plus d'effet dans une bataille que l'un et l'autre à la fois, sa charge est d'une centaine de balles ; et ces balles tuent jusqu'à la distance de quatre à cinq cents pas.

Fig. 5, 6, 7. « *Flèches de feu. a* réservoir de la poudre, *b* mèche à mettre le feu.

Il faut que le tuyau où on met la poudre soit extrêmement droit, qu'il n'ait guere que quatre pouces de long et que son extrémité soit à deux pouces de distance du fer. Une flèche ainsi lancée équivaut au coup de fusil le plus fort. »

Fig. 8. *Tonnerre de la terre.* C'est un globe de fer, creux en dedans. Il doit être assez grand pour contenir un boisseau de poudre. On comprime cette poudre autant qu'il est possible, en la battant fortement, à mesure qu'on l'insinue par l'ouverture A. On mêle de la mitraille avec la poudre, autant que l'on veut. On enfouit ensuite ce globe à un pied ou deux de profondeur, dans l'endroit où on prévoit que l'ennemi doit passer. On multiplie ces globes autant qu'il en est besoin pour l'effet qu'on se propose, et on les place à quelque distance les uns des autres. On a une cordelette soufirée, qu'on insinue par une de ses extrémités dans le globe A. Celui qui doit mettre le feu, et qui est à quelque distance, tient l'autre extrémité. On cache cette cordelette dans des tuyaux de bambou qui sont enfouis en terre, et se communiquent; de sorte que la mèche porte en même temps le feu à tous les globes. Ce stratagème était souvent employé par Koug-Ming, qui s'en servit en particulier contre les Tartares, dont il fut presque toujours vainqueur. Il était général d'armée sur la fin de la dynastie des Han, c'est-à-dire vers l'an 200 de l'ère chrétienne; et on ajoute qu'il avait puisé dans les livres des anciens guerriers cette manière de nuire à l'ennemi.

Fig. 11. « *Ruche d'abeilles*. Globe de fer rempli de poudre mêlée avec des morceaux de fer de toutes figures, et comprimée fortement. On enterre le goble comme il a été dit ci-dessus, et on y met le feu de même. »

On peut reconnaître à l'aspect du dessin qui montre divers artifices qui brûlent à mesure qu'ils sortent de la ruche d'abeilles qu'au lieu de *morceaux de fer* destinés à blesser par le choc, le père Amyot aurait dû traduire de la *limaille de fer* destinée à servir à la combustion. Cet exemple nous montre que le père Amyot a dû faire la même confusion pour le *tonnerre de la terre* et pour le *nid d'abeilles*.

Fig. 9. « *Feu dévorant*. On emploie cet artifice dans un siége, ou dans un combat naval. On prend un globe de papier, enduit en dehors de résine, d'huile et de cire jaune. On remplit ce globe de poudre mêlée de résine et de mitraille. On met le feu au moyen d'une mèche, et on le lance sur l'ennemi. »

Fig. 13. « *Tuyau de feu*. On choisit parmi les bambous qu'on nomme mao-tchou (ils sont plus forts que les autres) ceux qui sont les plus ronds, et ont au moins deux pieds et deux dixièmes. On les lie fortement avec des cordes de chanvre, pour empêcher qu'ils ne se fendent. On enchasse chaque tuyau dans un fort manche de bois au moyen duquel on le tient à la main. On le charge de plusieurs couches de poudre diversement composées, et par-dessus l'on met une balle faite avec une certaine pâte. Ces balles sont au nombre de cinq; la portée de ces balles est d'environ cent pieds, et leur effet est d'embraser. »

Fig. 12. Globe contenant le feu du ciel.

La figure 4 ainsi que les figures 10 et 14 sont prises dans un autre ouvrage chinois qui ne donne pas d'explication.

La figure 4 paraît représenter une trompe à feu et les figures 10 et 14 des projectiles incendiaires analogues à celui que le père Amyot nomme *tonnerre de la terre*.

## PLANCHE XVI.

Cette planche et la suivante accompagnent le Mémoire du père d'Incarville sur la manière de faire les fleurs dans les feux d'artifice chinois.

Les figures 1 et 2 représentent la manière de rouler des cartouches avec l'instrument ou morceau de bois monté en forme de varlope ; il doit être de bon bois dur, bien uni en dessous. Si le cartouche est gros, on met les deux mains sur l'instrument ; une suffit pour les petits cartouches.

La figure 3 fait voir la manière de rouler un cartouche de fusée volante avec la planche qui fait levier.

Figure 4 ; châssis auquel est attachée la planche : ce châssis ne tient point au banc, il avance et recule à volonté.

Figure 5 ; cylindre qui est mobile sur son axe ; Fig. 6, *a a*; coin qu'on met au-dessus et au-dessous de la traverse *b*, selon que le cartouche est plus ou moins grand.

La figure 7 désigne la façon d'étrangler une fusée.

Figure 8 ; couteau pour étrangler les cartouches des fusées à fleurs.

## PLANCHE XVII.

La figure 1 représente un cartouche d'argile posé sur un escabeau; on tire ordinairement les fusées un peu élevées; l'effet en est plus beau.

La figure 2, petit cartouche d'argile, dans lequel sont quatre grosses fusées les unes au-dessus des autres ; on met des pétards entre chacune. Il vaut mieux attacher ces fusées à un piquet, de peur qu'elles ne crèvent.

La figure 3 fait voir la façon de tirer une fusée de la composition mou-kiong, où l'on met quelquefois des boules de feu. Ce cartouche ne s'étrangle point, on en bouche un bout avec un tampon de papier, et on emplit le cartouche de composition ; les fleurs ont tout le diamètre du cartouche pour sortir ; ce cartouche a un pied de long, son diamètre intérieur a 10 lignes et 4 lignes d'épaisseur.

La figure 4 représente une main qui verse de l'eau dans une fusée à fleurs qui commence à faire son effet : c'est un jeu pour faire croire à ceux qui ne sont pas au fait, qu'il faut de l'eau pour que la fusée fasse son effet ; il ne peut y en entrer.

La figure 5 fait voir une grande lanterne d'où pendent des raisins. D'une même lanterne, il sortira quelquefois quatre ou cinq sortes de différents feux d'artifice.

# ADDITIONS ET CORRECTIONS.

Page 6, ligne 10. La Bibliothèque royale possède (supplément des manuscrits arabes, n° 733) un volume incomplet de format in-folio, très bien écrit, et où se retrouve presque tout le traité de Hassan Alrammah.

Page 20, ligne 14 et suiv., voyez à la page 95, note 1.

Page 21, ligne 3, lisez *deux poéles neufs.*

Ibid., ligne 9, au lieu de : *avant que rien de la partie pesante ne descende,* lisez : *de manière qu'il ne reste plus d'écume.*

Ibid., ligne 12, au lieu de : *tu la feras mûrir,* lisez : *tu la battras.*

Page 92, ligne 26. Le n° 782 *bis* du supplément des manuscrits arabes de la Bibliothèque royale renferme quelques passges relatifs aux entretiens du prince Khaled avec Morienus.

Page 98, ligne 15. Dans le n° 782 *bis* du supplément des manuscrits arabes, on voit revenir plusieurs fois le nom de *Marcounes* مرقونس et du roi *Marcounes* الملك مرقونس, avec les noms de Zozime, Hermès, Agathodémon, Maria, Osthanès, etc.; Marcounes répond peut-être au *Marchos* et au *rex Macrhos* du traité latin ; d'après cela, il s'agirait dans le traité latin d'un autre personnage que l'auteur du *liber Ignium.*

Page 197, ligne 28, au lieu de G, lisez F.

# TABLE DES MATIÈRES

www.ingramcontent.com/pod-product-compliance
Lightning Source LLC
Chambersburg PA
CBHW070752270326
41927CB00010B/2117